Traugott Benjamin Berger

Der Landtag

Ein Lustspiel in drei Aufzzügen

Traugott Benjamin Berger

Der Landtag
Ein Lustspiel in drei Aufzzügen

ISBN/EAN: 9783743373877

Hergestellt in Europa, USA, Kanada, Australien, Japan

Cover: Foto ©ninafisch / pixelio.de

Manufactured and distributed by brebook publishing software (www.brebook.com)

Traugott Benjamin Berger

Der Landtag

Der Landtag,

ein

Lustspiel in drey Aufzügen,

der Hamburgischen Schaubühne gewidmet,

von

Traugott Benjamin Berger.

Frankfurt und Leipzig,
1777.

Personen.

v. Härtmann.

Wilhelmine, seine Tochter.

v. Wahlheim.

Redlich.

v. Wildgrub.

Frau v. Sternheim.

Herr v. Sternheim, ihr Vetter.

Philipp
Heinrich } Bediente.

Ein Wirth.

Abraham, ein Jude.

Ein Briefträger.

Noch ein Bedienter.

Erster Aufzug.
(Zimmer im Gasthof.)

Erster Auftritt.
v. Wahlheim geht einsam auf und nieder bald darauf Redlich.

Redlich ruft zur Thür herein. Holla! Herr Wirth! ein Licht auf meine Stube!

v. Wahlheim. Nicht näher, Herr Hofrath?

Redlich. Wer ist da? (guckt herein) Je guten Abend, guten Abend! Nicht in Gesellschaft? Potz tausend, ein junger Herr wie Sie! und ewig zu Hause! Pfui! Sie müssen kein Grillenfänger seyn! Oder stehen Ihnen die hiesigen Schönen nicht an?

v. Wahlheim. Ich habe keine Bekanntschaft hier!

Redlich. Sie müssen welche suchen, wunderlicher Kopf! Ich bin ein alter Kerl, aber ohne Gesellschaft kann ich nicht seyn, und wenn es auch nur mit meinen Mädeln im Hause seyn sollte.

v. **Wahlheim.** Und sind doch ein Gelehrter. Die reden sonst lieber mit Toden als Lebendigen.

Redlich. Ah! Possen! Eines thun und das andre nicht lassen. Plagte mich das verteufelte Podagra nicht, ich würde mehr thun. Aber was stehn wir denn da? Ich bin müde. Haben Sie nichts zu trinken? (setzt sich)

v. **Wahlheim.** (in die Scene) Herr Wirth!

Wirth. Was ist zu Dero Befehl?

v. **Wahlheim.** Eine Flasche Rheinwein!

Wirth. Augenblicklich, Ihro Gnaden, augenblicklich!

Redlich. Was Gutes, Herr Wirth!

Wirth. Acht und vierziger, Herr Hofrath; acht und vierziger. (ab)

Redlich. Ich bin verteuffelt müde. Ich trank ein Glas Wein bey einer artigen Frau da nicht weit vom Markte, und weil ich wieder nach Hause will, da geh ich doch in Gedanken die ganze Gasse hinunter und merk es auch nicht, bis ich ganz am Thore bin.

v. **Wahlheim.** Die Laternen haben Sie geblendet!

Wirth

Wirth. (mit Wein) Der wird hoffentlich nach Dero Gusto seyn, Herr Hofrath!

Redlich. Wollen sehen.

Wirth. (indem er einschenkt.) Gewiß, gewiß, Herr Hofrath! ich wünsche guten Appetit! (ab)

Redlich. (trinkt.) Aber sagen Sie mir, junger Herr, was steckt Ihnen im Kopfe? Sie wären ja auf der Universität ein lustiger Pursche?

v. Wahlheim. Wohl war ichs! und zwar so sehr, daß der Herr Hofrath, als Rector, die Güte hatten und mich ins Carcer stecken ließen.

Redlich. Eine heilsame Sache für junge Herren, wenn Sie nicht folgen wollen.

v. Wahlheim. Und doch war ich vergnügter dabey als itzt!

Redlich. Herr, ich merke wohl woran es fehlt. Sie sind verliebt!

v. Wahlheim. Getroffen, Herr Hofrath, und zwar verliebt ohne Hoffnung! —

Redlich. (in steter Bewegung auf dem Stuhl) Will das Mädchen nicht? Lauffen gelassen! Ein Mann wie Sie kriegt ihrer hundert für eine. Gegenliebe müssen Sie niemals erbetteln oder erzwingen wollen. Merken Sie sich das!

v. Wahlheim. Gegenliebe ist da! Aber —

Redlich. Nun woran stößt sichs denn? Sie müssen hübsch offenherzig seyn! Sie wissen ja meine Art. Wenn ich helfen kann, von Grund der Seele! Nur nicht immer halbe Worte! Es ist zwar wahr, man darf heut zu Tage keiner Seele trauen. Mir selbst ist es so gegangen, daß gewisse Leute, bey denen ich ein so böses Herz nicht vermuthet hätte, meine Offenherzigkeit gemißbraucht haben. Schade nur, daß diesen Judasbrüdern ihre Tücke niemals gelungen sind. (steht auf)

v. Wahlheim. Wollen Sie schon fort?

Redlich. Nein, nein! Immer bleiben Sie! Ich wollte mir nur meine Hosen herauf ziehen! Der verteuffelte Schneider macht sie mir niemals recht.

v. Wahlheim. Sie kennen ohne Zweifel den Landkammerrath von Hartmann?

Redlich. O ja! Eine filzige Seele!

v. Wahlheim. Dessen Fräulein Tochter als Gemahlinn zu besitzen, dieß war der Inbegriff aller meiner Wünsche.

Redlich. Und der Geizhals will nicht, weil Sie ihm nicht reich genug sind, nicht wahr?

v. Wahl-

v. Wahlheim. Die zwote Ursache kann es seyn, aber nicht die erste.

Redlich. Es ist wahr. Sie haben ja ein stattliches Rittergut mit Schäferey und Mühlen. Was hat er denn also an Ihnen auszusetzen?

v. Wahlheim. Sie wissen, ein gewisser ökonomischer Schwindelgeist belebt unser Jahrhundert und dieser hat auch ihn ergriffen. Jeder also, der nicht Bäume pfropfet, Bienen beschicket, Wachs siedet, kurz wer kein sogenannter Oekonomus ist, bekömmt seine Tochter nicht.

Redlich. Und das alles sind sie nicht, und weil Sie das nicht sind, bekommen Sie auch das Mädchen nicht?

v Wahlheim. Natürlich?

Redlich. Und möchten sie doch gerne haben?

v. Wahlheim. Sie würde mein ganzes Glück auf der Welt ausmachen.

Redlich. Wie steht es? Sind sie mit dem Frauenzimmer einig? (zieht die Hosen herauf) Schurke von einem Schneider! Ich muß mir, hols der Henker, ein Paar andre machen lassen. Sind sie mit dem Frauenzimmer einig?

v. Wahlheim. Ich hab ihr ganzes Herz!

Redlich. Und der Vater will nicht ja dazu sagen? So wollt ich auch gleich den alten Knicker selber ausprügeln. Das kann mich in der Seele ärgern, wenn zwey junge Leute von gleichem Stande, hübschen Vermögen, guten Ansehn einander gut sind, und demungeachtet nicht zusammen dürfen wie sie wollen, blos weil der Vater ein Bengel ist. (er trinkt) Meine Mädels mögen wählen wen sie wollen. Wenn sie der Mann ernähren kann und ein ehrlicher Kerl ist, immer fort damit!

v. Wahlheim. Wie gut, wenn alle Väter so dächten!

Redlich. Aber, Herr, Sie müssen auch das ihrige thun. Ein feuriger Liebhaber tritt nicht sogleich zurücke, wenn ihn ein mürrischer Vater anschnarcht.

v. Wahlheim. So lang ich hoffen konnte, hab' ich alles gewagt.

Redlich. Ist sie schon verhandelt?

v. Wahlheim. Wohl, Herr Hofrath, recht eigentlich verhandelt.

Redlich. Zum Henker! An wen?

v. Wahl=

v. Wahlheim. Ein gewisser Herr von Wildgrub ist der Mann mit dem die Unglückliche ihre jungen Jahre verwinseln soll.

Redlich. Der alleweil hier angekommen ist?

v. Wahlheim. Eben der!

Redlich. Das kann nicht seyn! Der vier Treppen hoch, oben unterm Dache, sein Logis genommen hat?

v. Wahlheim. Der nämliche.

Redlich. Verwünscht, über den alten Geck! Er muß so alt seyn als ich. Denn ich habe mit ihm in *** studirt.

v. Wahlheim. Er sieht weit älter aus, als Sie.

Redlich. Je wie gesagt; Es muß ein alter Kerl von etlichen sechzig Jahren seyn.

v. Wahlheim. Das ist leicht möglich!

Redlich. Etliche sechzig Jahre, so alt muß er seyn! Ich glaube er hat aus Geiz nicht eher geheyrathet. Daß dich der Henker über den alten Thor! Er kann nichts mehr taugen. Was will nun der Mann mit einem jungen raschen Weibe anfangen? Lauter verkehrtes Zeug! Entweder man heyrathet zu alt oder zu jung. Da lob ich unsre alten Teut=
schen,

schen, die heyratheten wenn sie recht viel Saft und Kraft im Körper fühlten, wenn sie ausgewachsen hatten. Da kamen auch Kinder auf die Welt, die ein Ansehn hatten! Aber heut zu Tage! Ja, im besten Wuchs! Und dann die Kinder! wie Nürnberger Waare! Doch a Propos wieder! Sind sie schon getraut?

v. Wahlheim. Noch nicht. Aber in wenig Tagen wird die Hochzeit hier vollzogen werden. Dieß ist die Ursache, warum der Bräutigam zum Landtage kömmt. Das Fräulein wird auch ehester Tage mit ihrem Vater hier eintreffen. Die Tante des Fräuleins, eine reiche Wittwe ohne Erben, stattet die Hochzeit aus.

Redlich. (trinkt) Hm, hm! Die Sache ist verzweifelt böse! Sie gehn wohl mit zur Hochzeit?

v. Wahlheim. (bitter) Meynen Sie doch, Herr Hofrath, ich würde einen zweyten Phineus vorstellen? Erst heute hab ich dieß alles erfahren, da mein Rival hier ankam, und seine Gegenwart macht, daß ich morgen von hier abzureisen gedenke, um keine Unbesonnenheit zu begehen. Denn ich kam blos in der Absicht auf dem Landtag, um mich zu zerstreuen!

Red-

Redlich. Seltsam! Der eine kömmt auf dem Landtag um sich eine Frau zu holen; der andre um sich die Grillen zu vertreiben.

v. Wahlheim. Ich begreife nicht, wie die Tante des Fräuleins diese Wahl billigen kann. Denn, wie ich gehört habe, soll es eine Dame von Welt seyn.

Redlich. Und Sie haben sich nicht an sie gewandt?

v. Wahlheim. Eben da ich es thun wollte, war das Fräulein versprochen.

Redlich. Zum Henker, so thun Sie es noch!

v. Wahlheim. Was kann mir das helfen? Es ist doch umsonst.

Redlich. Thun Sie es noch, sag' ich!

v Wahlheim. Herr Hofrath! ich sehe keine Möglichkeit —

Redlich. Herr, aber ich seh eine! Wenn die Frau galant ist, so ist sie auch verliebt gewesen, so ist sie nicht filzig, so muß ein Mann wie Sie Eindruck auf sie machen, so wird sie auf Ihre Seite treten und so muß, ja, ich will eine Canaille seyn, wenn der alte Kerl nicht mit einer langen Nase abziehn muß. (zieht die Hosen herauf)

v. Wahl-

v. Wahlheim. Ich befürchte nur, Herr Hofrath, daß mich dieß Lächerliche treffen werde.

Redlich. (unwillig.) Herr! Sie sind das Mädel nicht werth! (er trinkt, zieht die Hosen herauf und geht herum.)

v. Wahlheim. Seyn Sie nicht ungehalten, Herr Hofrath!

Redlich. Das kann mich in der Seele ärgern, wenn ein junger Mensch nicht unternehmend ist, sondern ewig zu Hause im Großvaterstuhl sitzt und gähnt und lauret, und seinen Grillen nachhängt, und seiner Faullenzerey alle Triebe aufopfert die ihn doch zum Menschen machen.

v. Wahlheim. Aber überlegen Sie, meine Ehre, wenn —

Redlich. (äußerst ärgerlich) Ich wollte daß Sie eine Xantippe zur Frau kriegten! (greift nach seinem Huth.)

v. Wahlheim. Keinen Unwillen! Ich folge Ihnen und Sie gehen mit mir!

Redlich. Ich weiß nicht was Sie für ein wunderlicher Kopf sind? Sind Sie blöde oder hochmüthig? Oder was fehlt Ihnen?

v. Wahl-

Ein Luſtſpiel.

v. Wahlheim. Nicht Blödſinn, Stolz iſt meine Schwäche.

Redlich. Beydes ſchickt ſich nicht für einen Liebhaber.

v. Wahlheim. Aber ich konnte hoffen durch eine unbeſcholtne Auffführung eine würdige Gemahlin zu erhalten, ohne mich zu einem Abentheuer zu erniedrigen. Und rührte mich das Unglück des Fräuleins nicht mehr als mein eignes, ſo ſollte nichts auf der Welt mich bewegen können dieſen Weg einzuſchlagen; aber da ich ſehe, daß das Fräulein mit dieſem Manne Zeitlebens unglücklich ſeyn muß: ſo ſeh' ich mich genöthiget ſie durch Ränke der Gefahr zu entreiſſen.

Redlich. Die Urſache ſey, welche ſie wolle. Am Ende iſt es doch blos eignes Intereſſe.

v. Wahlheim. Bey Gott! Herr Hofrath, nicht meinetwegen, ſondern des Fräuleins willen, thu' ich dieſen Schritt!

Redlich. Herr! darüber müſſen Sie mit mir nicht ſtreiten wollen! So ein alter Kerl wie ich, und ohne Ruhm zu melden, ein Philoſoph der Kollegia über die Pſychologie geleſen hat, der muß die Schlupfwinkel des menſchlichen Herzens beſſer kennen als

ein

ein junger Mensch, der in Leidenschaften steckt bis über die Ohren und nicht eine Viertelstunde lang abstrakt denken kann. Und nun genug itzt! Kommen Sie mit auf mein Zimmer, da wollen wir die Sache weiter überlegen. Morgen früh, wollen wir der Dame unsre Visite machen.

v. Wahlheim. Und wenn wir glücklich wären, und der Vater willigte endlich selbst darein! Wie heilig sollte mir Ihr Andenken seyn, Herr Hofrath!

Redlich. Das wird sich alles geben! Kommen Sie nur! Aber einen Schlaftrunk muß ich haben! (ruft) Holla! Herr Wirth!

Wirth. Zu Dero Befehl, Herr Hofrath, zu Dero Befehl!

Redlich. Bringen Sie mir noch eine Flasche von dem nämlichen auf mein Zimmer!

Wirth. Augenblicklich, Herr Hofrath! Nicht wahr, ein gutes Glas?

Redlich. Da er nicht besser ist, muß er mit laufen.

Wirth. Sie belieben zu scherzen, zu scherzen Herr Hofrath! Ich will Ihnen zuvor leuchten.

Redlich. Nur her mit dem Licht!

Wirth.

Wirth. Nicht doch, nicht, Herr Hofrath! Hier kommt meine Tochter.

Redlich Auch das! Hier, greif zu kleine Hure! Gute Nacht! Herr Wirth!

Wirth. Ich wünsche Ihnen wohl und vergnügt zu ruhen, Herr Hofrath!

Redlich. (zieht die Hosen herauf) Die verteufelten Hosen! (ab)

Wirth. Ein drollichter Mann der Herr Hofrath! ein drollichter Mann!

Zweyter Auftritt.
Heinrich. Wirth.

Heinrich. Guten Abend, Herr Wirth! So allein?

Wirth. Je guten Abend, guten Abend, Monsieur!

Heinrich. Ich wollte mir nur ein Schnäppsgen ausbitten, wenn Sie was bey der Hand haben, ich habe mir den Magen erkältet.

Wirth. Ey, ey, das ist nicht gut!

Heinrich. Ja wohl ist es nicht gut, Herr Wirth!

Wirth. Ein Gläschen Pomeranzen! Nicht wahr, Monsieur?

Heinrich.

Heinrich. Je wenn es auch nur Kornbrandewein ist. Ein armer Teufel, wie ich, darf nicht delicat seyn.

Wirth. Ey, nicht doch! Ein Gläschen Pomeranzen ist besser, ist besser Monsieur!

Heinrich. Der Titel, Monsieur, will mir nicht behagen, ich bin das Wort ganz entwohnt, sagen Sie lieber Heinrich schlechtweg.

Wirth. (nimmt Flasche und Glas aus einem Schrank) Monsieur Heinrich also!

Heinrich. (trinkt) Ohne Zusatz, Herr Wirth!

Dritter Auftritt.
Vorige. Philipp.

Philipp. So muß auch die Tausend Schwerenoth drinnen stecken!

Wirth. Was giebts denn, was giebts denn, Herr Philipp?

Philipp. Ich wollte daß den alten Racker oben unterm Dache der Henker holte!

Wirth. Ey, ey, Herr Philipp, Herr Philipp!

Philipp. Die Beine möcht' ich ihm entzwey schlagen, daß er die Treppen herunterpurzelte!

Wirth.

Wirth. Behüte, behüte! Da sey Gott vor! Es ist ein Edelmann!

Philipp. Ey, was schierts mich!

Heinrich. (lachend) Was hat er dir gethan, Kammerad!

Philipp. Je, der Schwerenoths Kerl ist Schuld, daß mein Herr morgen abreisen will!

Wirth. Wie, Herr Philipp! Sein Herr, sein Herr, morgen schon?

Heinrich. Und das verdrüßt dich, Kammerad?

Philipp. Ich hatte mir vorgenommen einmal recht lustig hier zu seyn, und da führt der Teufel den Tausendelement her!

Wirth. Mein Gott, mein Gott! Sehr kurios! Was haben denn die Herren mit einander?

Philipp. Damit Sie's nur wissen, der alte Zigeuner hat meinem Herrn ein schönes Fräulein vorm Maule weggenommen.

Wirth. Je, behüte der Himmel! Das ist unmöglich, unmöglich, Herr Philipp!

Philipp. (ärgerlich) Tausend Schwerenoth! Wenn Sie's nicht glauben wollen, so lassen Sie's bleiben! Kurzum wir reisen morgen fort.

Heinrich. Ja, ja, Herr Wirth! Auf mein Wort! Die Sache ist so!

Wirth. Sollte man's meynen! So ein alter Herr! (es wird geklingelt) Ey, ey, der Herr Hofrath! Bald hätt' ich den Wein vergessen! (eilt ab)

Vierdter Auftritt.
Vorige.

Philipp. Sage mir, Bruder, wie du so einem Manne dienen kannst?

Heinrich. Muß ich nicht! Kannst du mir eine andre Herrschaft zuweisen? Ich will dirs Dank wissen.

Philipp. Du wirst doch fürm Teufel einen andern Herrn finden können!

Heinrich. Ich habe zwar auf vier Jahre mit ihm verakkordirt und itzt sind erst zwey Jahre weg, ich hab auch mein ganzes Lohn noch bey ihm stehen; aber ich wills gern im Stiche lassen, ich kann unmöglich länger bey ihm aushalten!

Philipp. Was kriegst du Lohn?

Heinrich. Acht Groschen die Woche und Essen.

Philipp. Das geht an!

Hein-

Heinrich. Ja, Bruder, aber Essen, das sich nicht essen läßt. Verdorbne Zugemüsen, dumpficht Brod, sauren Koffent!

Philipp. Fleisch gar nicht?

Heinrich. Bewahre! Das verursacht Fäulniß im Magen und verkürzt das menschliche Leben, spricht mein Herr.

Philipp. Und was frißt er denn?

Heinrich. Auch Zugemüse; und dadurch hoft er so lange zu leben wie die Patriarchen.

Philipp. Drum will er auch so späte heyrathen wie die Patriarchen.

Heinrich. Das versteht sich! Er liebt auch die Viehzucht und den Ackerbau wie die Patriarchen.

Philipp. Das arme Fräulein! So ein prächtiges Frauenzimmer muß so einen alten Schnurrer heyrathen! Bem dem wird sie, hol mich der Teufel, zur Viehmagd!

Heinrich. Gute Tage darf sie sich nicht versprechen! Ins Feld, in Krautgarten, an die Bienenhütte, da muß sie nun sicher mit hin.

Philipp. Da hast du wohl auch solche Arbeit treiben müssen?

Heinrich. Wohl Kammerad! Die Bienenschwärme in die Körbe einschlagen, den Acker düngen, das Wasser ableiten, die Bäume umgraben und die Raupennester abnehmen, ganze Tage lang die Steine aus dem Acker werfen, die Schaafe scheeren, Maulwürfe fangen, das war meine unaufhörliche Arbeit! Fühle nur meine Hände an, sie sind wie Holz!

Philipp. Lieber wollt ich Mäusefallen machen und Besen binden als so einem Herrn dienen!

Heinrich. Und doch wollt ich mir aus der Arbeit noch nichts machen, denn man muß alles in der Welt versuchen, aber das Schlimmste ist, daß er alle Leute für Spitzbuben hält. Ich will ein Hundsfott seyn, wenn er nicht zwanzigmal des Nachts aus dem Bette aufsteht, und sieht ob auch die Thüre verriegelt ist.

Philipp. Da sollt' er mir auch die ganze Nacht nicht ein Auge zu thun können! Aller Augenblicke wollt' ich vor der Kammerthüre herumpoltern.

Heinrich. Den Teufel! Poltre du nur! Ein halb Dutzend Pistolen hängen sicher an seinem Bette.

Philipp. Je, der Tausend Element!

Heinrich. Und wenn ich dir mit ihm wohin gehen muß, da darf ich nicht hinter ihm gehn, sondern allemal

allemal vorne weg, und da bleibt er aller Augenblicke stehen und nimmt sein ledernes Beutelchen heraus und sieht ob er auch noch sein Geld alles hat; und da darf ich nicht etwan hinsehn, behüte Gott! Grade vor mich! Zum Exempel, du wärst mein Herr und ich gieng vor dir her, und du bliebst stehen, da muß ich immer so (durch die Stellung andeutend) vor mich hinsehn! Und da schielt er immer so übers Geld, ob ich etwan mich umsehe!

Philipp. Er traut, hol mich der Teufel, seinen eignen Händen nicht!

Heinrich. Und wenn er ein Kleid machen läßt, da muß ihm der Schneider allemal ein Unterpfand geben, eh' er das Tuch in die Arbeit kriegt. So gar bey dieser Livrey hat ers thun müssen. Und fühle nur an, es ist wie Baugefangnen Tuch, und die Knöpfe sind bleyern. Demungeachtet aber ist es doch meine Gala=Livrey! Er hat mir sie aus großer Gunst zu seiner Vermählung machen lassen.

Philipp. Um Gotteswillen, hör' auf! Ich mag nichts mehr hören! Das arme Fräulein! Sie war meinem Herrn so gut! Zerreissen möcht' ich den alten Kerl mit seiner gelben Schwanzperücke, mit seinen großen grauen Augenbraunen!

Heinrich. Bist du schon lange hier?

Philipp. Erst ein paar Tage, und mir gefällt es so wohl und soll morgen schon fort! Rasend möcht ich werden. Es giebt so viele hübsche Mädgen da, die so gutwillig sind!

Heinrich. Du hast wohl schon Bekanntschaft?

Philipp. Mit einer excellenten, bildschönen Köchinn, die ich aufm Sonntag zu Tanze führen wollte.

Heinrich Schade! So eine Freude wird dir zu Wasser!

Philipp. Und wer ist Schuld daran, als dein Herr, der Tausendschwerenoth!

Heinrich. (aufmerksam) St, St, ich glaube gar er kömmt!

Philipp. Laß ihn kommen! Daß er sichs nur nicht einfallen läßt mich etwas zu fragen; ich will, mein Seele, so grob seyn, wie ein Schiffmann!

Heinrich. (horchend) So wahr ich lebe er kömmt herein!

Wirth draußen. (die Thür eröffnend) Belieben Ihro Gnaden sich nur hierein zu verfügen!

Fünfter

Fünfter Auftritt.

Vorige. v. Wildgrub.

v. Wildgrub polternd zu Philipp in der Meynung es sey Heinrich.) Muß ich euch nachlaufen, lüderlicher Kerl, in die Schenke!

Philipp. Herr, menagiren Sie sich!

v. Wildgrub. Was macht ihr hier, was habt ihr hier, was habt ihr hier zu thun?

Philipp. Herr! das schiert Sie nichts.

Heinrich. (hervortretend.) Ihro Gnaden, Ihro Gnaden ich wollte mich nur ein Bißchen wärmen.

v. Wildgrub. Hab ich euch nicht gesagt, ihr solltet nicht vor meiner Stube weggehn im Wirthshaus? Wie bald überfällt einen nicht lüderliches Gesindel und bettelt und stiehlt.

Wirth. Ich bitte unterthänig, Ihro Gnaden, dieser Gasthof wird stets von braven Kavaliers und Herren bewohnt. Es muß Niemand bey mir zu Schaden kommen.

v. Wildgrub. (auf Philipp zeigend) Und wer ist der Grobian?

Philipp. Herr! menagiren Sie sich.

Wirth.

Wirth. Sein Herr ist ein schöner braver Kavalier.

v. Wildgrub. (zu Heinrich) Geht gleich hin auf die kleine Juden=Gasse, zum Juden Abraham, und sagt: er sollte herkommen und die Sachen mitbringen; er weis schon was.

Heinrich. Aber, gnädger Herr, ich bin ganz unbekannt.

v. Wildgrub. Habt ihr kein Maul?

Heinrich. Und in so später Nacht!

v. Wildgrub. Kerl! brennen nicht die Lampen?

Heinrich. Aber — —

v. Wildgrub. Ich glaube, Kerl, ihr verlangt, daß ich einem Boten einen Groschen geben soll? Wofür hab ich euch? Zum Faullenzen?

Heinrich. (geht brummend ab) So wollt ich auch gleich — — (kehrt um) wie hieß die Gasse und der Jude?

v. Wildgrub. Die kleine Judengasse und der Jude, Abraham.

Heinrich. Das weiß Gott, wenn und wo ich die Gasse mit dem Juden finden werde! (ab)

Sechster

Sechster Auftritt.

v. Wildgrub. Philipp. Wirth.

v. Wildgrub zu Philipp. Wem dient ihr?

Philipp. Meinem Herrn.

v. Wildgrub. Wer ist euer Herr?

Philipp. Ein Mann der mir zu befehlen hat.

v. Wildgrub. (sich wegwendend) Naseweiser Bengel!

Philipp. Herr, menagiren Sie sich, sonst —

v. Wildgrub. (sich umkehrend) Kerl, ich glaube gar —

Philipp. Hol mich der Teufel, Herr, Sie kriegen Händel mit mir!

v. Wildgrub. Wißt ihr wer ich bin?

Philipp. Da scher' ich mich den Teufel drum. Kurzum, sparen Sie ihre canalliösen Titulaturen! (geht ärgerlich auf und nieder.)

v. Wildgrub. Wie stehts mit der Wirthschaft, Herr Wirth?

Wirth. Schlecht, sehr schlecht, Ihro Gnaden, kein Geld untern Leuten!

v. Wildgrub. Was gilt der Scheffel Korn?

Wirth.

Wirth. Das kann ich Ihro Gnaden so eigentlich nicht sagen, ich kaufe das Brod bey den Beckern.

v. Wildgrub. Da kann er zu nichts kommen.

Wirth. Wie so, Ihro Gnaden, wie so?

v. Wildgrub. Denn sieht er, der Becker will doch auch leben. Und wovon lebt der Mensch anders als vom Profit? Aber den Profit könnt er in seinen Beutel stecken, wenn er selber backen wollte. Ich will ihm einen Malter Korn verkaufen, wenn wir handeln können.

Wirth. Behüte, behüte, Ihro Gnaden, was wollt ich mit einem Malter Rocken anfangen? Ich brauche nur wenig weisses Brod in die Wirthschaft, und das Wenige selbst zu backen, möchte die Kosten des Holzes nicht tragen. Das Brod ist heut zu Tage wohl zu erkaufen, aber die übrigen Victualien, die übrigen Victualien!

v. Wildgrub. Was kostet die Kanne Butter?

Wirth. Dafür laß ich meine Frau sorgen, Ihro Gnaden!

v. Wildgrub. Ich kann ihr etliche Fäßgen lassen, wenn wir handeln können. (sieht sich immer nach Philippen um, der hinter ihm auf und nieder geht) Monsieur,

sieur, es schickt sich gar nicht, daß man den Leuten immer hinter dem Rücken steht.

Philipp. (trotzig) Hier ist ein Gasthof, da wird keine Etiquette beobachtet! Ich gehe wo mir's beliebt. Genug ich verzehre mein Geld.

v. Wildgrub. (zum Wirth) Weiß er nicht, wer etwann einen oder zween Centner Wachs kaufet?

Wirth. Ey, ey, so ein großes Quantum! Da müssen Ihro Gnaden eine große, sehr große Bienenzucht haben!

v. Wildgrub. Bewahre! Ja, da würd ich ein reicher Mann seyn! (nähert sich mit dem Rücken der Wand) Man kann nicht ruhig seyn, bey dem Kerl!

Philipp. Meynen Sie mich?

v. Wildgrub. Kerl, was fragt ihr?

Philipp. (auf ihn zufahrend, der Wirth hält ihn zurück) Tausend Element! Da kommen Sie mir just recht! Das rath ich Ihnen! Ich bin ein ehrlicher Kerl! Und dem soll der Henker das Licht halten, der mich zum Hundsfott machen will!

Wirth. Ja, ja, Ihro Gnaden, Sie können ruhig seyn! Ein ehrlicher, braver Mann, der Herr Philipp!

v. Wild=

v. Wildgrub. Er mag seyn, wer er will! Er muß mir nicht im Rücken stehen wollen! — — Wieder auf das Wachs zu kommen, was kostet das Pfund?

Wirth. Mit völliger Genauigkeit kann ich es Ihro Gnaden nicht sagen, mich däucht man verkauft das Pfund zu zwölf Groschen.

v. Wildgrub. So! da mag meines noch liegen, unter sechszehn Groschen verkauf ich das Pfund nicht.

Wirth. So viel werden Ihro Gnaden schwerlich erhalten.

v. Wildgrub. Ich hoffe mit der Hülfe Gottes das Pfund so theuer los zu werden. Denn er muß wissen, daß heuer ein schlechtes Bienenjahr gewest ist. Wir haben wenig schöne Sommertage gehabt. Und da die Haide blühte, war auch beständig stürmisches Wetter, daß die Bienen nicht tragen konnten. Die Schwärme sind auch nicht häufig gewesen.

Wirth Wenn dem so ist, Ihro Gnaden, da kann es seyn. Da ist es möglich. Unser Einer versteht sich nicht auf dergleichen Dinge.

Sieben-

Siebender Auftritt.

Vorige. Ein Briefträger mit einer Laterne.

Briefträger. Guten Abend!

Wirth. Guten Abend, guten Abend! Was bringt er gutes?

Briefträger. Logirt nicht der Herr von Wildgrub hier?

Wirth. Hier sind Ihro Gnaden just zur Hand!

v. Wildgrub. Was will er bey mir?

Briefträger. Sind Sie der Herr von Wildgrub?

v. Wildgrub. Ja.

Briefträger. Hier ist ein Brief mit Geld an Sie! (überreicht den Brief, den Wildgrub sogleich erbricht und liest, während den Lesen fährt der Briefträger fort) Ich habe Sie in der ganzen Stadt in allen Gasthöfen aufgesucht.

Wirth. Wie so, wie so?

Briefträger. Das Logis ist ja nicht angegeben auf der Addresse.

Philipp heimlich zu ihm. Er betrügt sich, guter Freund, wenn er auf ein Trinkgeld hofft.

Briefträger. Das wär auch, mein Seele, schlecht gedacht von einem Edelmann, wenn er nicht wenigstens

nigstens mit einem halben Gulden herausrücken wollte.

Philipp. Nicht acht Pfennige!

v. Wildgrub. (nachdem er den Brief gelesen hat) Das heillose Mädchen! Ich muß doch gleich auf die Post springen. (im Begriff fortzugehen.)

Briefträger. Nein, nein, mein Herr, erst quittirt hier in das Buch, (schlägt das Buch auf, und legt es auf den Tisch) Numero sieben und funfzig! Und dann nach Belieben Briefträger Lohn.

v. Wildgrub. (nachdem er geschrieben, nimmt er sein ledernes Beutelchen heraus) Hier, und hier hat er auch eine Kanne Bier für seine Müh!

Briefträger. (besieht das Geld) Sie spaßen wohl, mein Herr?

v. Wildgrub. Mach er keine Umstände! Ich verlange seine Mühe nicht umsonst. Trink er eine Kanne Bier dafür!

Briefträger. (wirft den Sechser auf den Tisch) Ich kann Bier trinken ohne den lumpichten Sechser! Hätt' ich das Ding nur gewußt, der Teufel hätte mich plagen sollen so in der Nacht' herumzulaufen! Herr Wirth, geben Sie mir ein Viertelchen Franzwein!

Wirth.

Wirth. Geh er nur in die Schenkstube, da wird meine Frau seyn.

v. Wildgrub. (steckt den Sechser ein) Wenn er Wein trinken kann, da braucht er meinen Sechser nicht. Der Luxus herrscht unter Kleinen und Großen!

Briefträger. Ich will Ihnen noch einen dazu schenken. Tausend Schwerenoth! (schmeißt die Thüre zu)

v. Wildgrub. (ihm nachsehend) Grober Kerl!

Philipp. (lautlachend) Ha, ha, ha!

v. Wildgrub. Was beliebt, was soll das Lachen, he?

Philipp. (stärker lachend) Ha, ha, ha! Gut gemacht! Ha, ha, ha!

v. Wildgrub. Wenn mein Diener kömmt, Herr Wirth, sag er ihm, daß er ja nicht von der Stubenthüre oben weggeht.

Wirth. Nach Dero Befehl, Ihro Gnaden, nach Dero Befehl!

v. Wildgrub. Ich will nur auf die Post springen. (geht nach der Thür)

Wirth. Ihro Gnaden werden sich doch finden können?

v. Wildgrub. (wiederumkehrend) Sag er ja meinem Bedienten, daß er nicht von der Stubenthüre oben weggeht. (ab)

Achter

Achter Auftritt.
Wirth und Philipp.

Wirth. Ein wunderlicher, mißtrauischer Herr

Philipp. (findet den Brief, den Wildgrub aufn Tisc[h] hat liegen lassen) Wetter! Den muß ich lesen. Dar[in] inne muß was außerordentliches stehen, weil er s[o] eilig war.

Wirth. Nicht doch, Herr Philipp! Das ist nich[t] fein. Geb er her, ich will ihn aufbewahren.

Philipp. Ich kann ihn so gut lesen wie Sie.

Wirth. Wer hat ihn lesen wollen? Wer denk[t] ans Lesen?

Philipp. Seyn Sie ruhig, seyn Sie ruhig! ic[h] will ihn laut lesen, Sie können zuhören. Dan[n] wissen wir alle Beyde was darinne steht. Der Brie[f] ist von seinem Schwiegervater.

Wirth. Ich mag nicht wissen, was darinne steht, ich mags nicht wissen! Gott behüte mich vor de[r] schändlichen Neugier! Andrer Leute Heimlichkeite[n] auszuspähen, das sey fern von mir! Das sey fer[n]! Ich will unterdessen einige kleine Schulden in mein Contobuch eintragen. (nimmt ein Buch aus dem Schran[k] und schreibt.)

Philipp. (liest) „Wohlgebohrner Herr, Geehrtester Eidam! Melde Ihnen in aller Eil, daß meine Mine davon gelaufen ist, das Rabenkind das!" Was Teufel! davon gelaufen.

Wirth. Das Fräulein, die Braut, davon gelaufen?

Philipp. Ich denke Sie schreiben? Die schändliche Neugier! (liest fort) „Vermuthlich ist es in der Absicht geschehen um bald bey Ihnen zu seyn." Das glaub ich, ha, ha, ha! Ueber den alten Narren! (fährt fort) „Gehen Sie doch zu meiner Schwester, der Frau von Sternheim, sie soll am Markte logieren, denn bey dieser wird sie abgetreten seyn, das Angstkind das! Hierbey schick' ich Ihnen hundert Thaler an Gold, die heben Sie mir auf, bis ich komme, ich bin schon auf der Reise; ich fürchtete man möchte mir das Geld unterwegens stehlen." Recht filzig muß er noch nicht seyn, denn nur einen Dreyer zu ersparen, wagt ein Geizhals Leib und Leben. Anbey melde Ihnen, daß ich sieben Bienenkörbe durch Schwefeldampf getödtet habe, um sie nicht auswintern zu dürfen. Das Wachs hab' ich auch schon ausgesotten, es ist so gelb wie eine Butterblume"

Wirth.

Wirth. Die Herren sind große Liebhaber vom Wachs!

Philipp. Schwerenoth! So schreiben Sie doch! Anderer Leute Heimlichkeiten anzuhören, ist Sünde, Herr Wirth, ist Sünde! (liest weiter) „Seyn Sie „so gut, lieber Herr Eidam, und geben Sie meiner „Mine einen derben Verweiß! das Wetterkind das! „Ich werd' es auch nicht daran ermangeln lassen, „sobald ich ankomme. Ich will den Pfarrer bitten, „daß er ihr diese Unbesonnenheit in dem Trauser„mon nachdrücklich zu Gemüthe führe. Seine Hoch„zeitrede soll von der Strafe ungehorsamer Töchter „in dieser und jener Welt handeln! Das gottlose „Mädchen! Ich verharre bis in Tod, Meines Her„ren Eidams, treuester Schwiegervater.

Jacob v. Hartmann.

Den Vorfall muß ich doch gleich meinem Herrn melden. Vielleicht, vielleicht! Aber er schläft wohl schon?

Wirth. Ja wohl, ja wohl! Es ist spät in die Nacht. Aber den Brief, Herr Philipp, den Brief muß ich aufbewahren! Es muß Niemand bey mir zu Schaden kommen.

Philipp. Da, da! Doch warten Sie, ich muß erst sehn ob ich den Inhalt noch weis, damit ich ihn
meinem

meinem Herrn wieder herbeten kann. (sagt den Inhalt auswendig her) „Das gnädge Fräulein ist davon gelauffen! Hundert Thaler soll der Eidam aufbewahren. Sieben Bienenkörbe hat er durch Schwefeldampf erstickt und das Wachs ausgesotten." Ja, wie weiter?

Wirth. Mich dünkt, Herr Philipp hat etwas vergessen: die vermeynte Absicht warum das Fräulein geflüchtet ist, nämlich, um bald bey Dero Herrn Liebsten zu seyn, und Dero wahrscheinlichen Aufenthalt bey der Frau von Sternheim am Markte.

Philipp. Mein Seele, ja! ein paar wichtige Umstände! Herr Wirth, Sie müssen eine doppelte Seele haben, denn Schulden zusammenrechnen und zugleich so genau zuzuhören, daß man es wieder von Wort zu Wort hersagen kann, das ist mit einer Seele nicht möglich. Und der Schluß des Briefes war, eine Bitte an den Bräutigam der Braut einen derben Verweis zu geben, der Vater wollt' es auch thun, und der Pfarrer soll es auch thun, soll eine Hochzeitrede halten von ungerathnen Mädeln und ihrer Strafe. Nicht wahr, Herr Wirth?

Wirth. Eine glückliche Memoria, Herr Philipp, eine gute Memoria!

Neunter Auftritt.
Heinrich und Abraham.

Heinrich. (wirft sich auf einen Stuhl) An die kleine Judengasse will ich gedenken! Zwanzigmal bin ich vorbeygelauffen.

Abraham. Der Herr hätten doch nur fragen dürfen!

Heinrich. Was, fragen? Mit drey vier Schritten war ich eine halbe Meile vorbey. Und dann kam eine Portechaise, vorgesehn! giengs, und stieß mich in die Lenden, oder ein Wagen mit Fackeln, da sprang ich auf die Seite, und da stand ich, und wußte nicht ob Links oder Rechts.

Abraham. Mein! der Herr sollten nur in Obacht genommen haben den Brunnen am Eingang der Straße!

Heinrich. In stockfinstrer Nacht, Mauschel! da läßt sich auch viel sehn.

Abraham. Aber das Feuer der Lampen scheint doch helle!

Philipp. Ich glaube, Mauschel, die Lampenputzer nehmen es eben nicht so genau mit eurer Gasse, sie putzen vielleicht nur selten, weil sie sich

kein

kein Gewissen draus machen, wenn auch ein Jude den Hals bricht.

Abraham. O weh mir, der Herr läſtern.

Heinrich. Nun, höre nur an, Mauſchel, in dem alten Geniſte, wo du wohnſt, hätt ich doch bald ſelber die Beine gebrochen, und ich bin doch ein Chriſt, das hat mehr zu ſagen.

Abraham. Und muß doch zahlen ſchweren Zins für Stub und Kammer, und will doch heißen ein gläubiger Chriſt mein Wirth.

Wirth. Das iſt ein Vogel, der Herr Abraham, ein ſchlauer Schelm!

Heinrich. Nun, komm nur komm, Mauſchel! Iſt mein Herr oben, Herr Wirth?

Wirth. Nein, er iſt ſchnell auf die Poſt geſprungen. Er bekam vor wenig Augenblicken einen Brief von ſeinem Herrn Schwiegerpapa, der ihn ſehr beſtürzte.

Philipp. (zu Heinrichen ins Ohr) Die Braut iſt davon gelauffen.

Heinrich. Was Henker? Im Ernſt?

Philipp. Verlaß dich drauf, ich hab den Brief geleſen, er hatte ihn vor großer Eil auf dem Tiſche liegen gelaſſen.

Wirth.

Wirth. Und mir haben Ihro Gnaden ernstlich befohlen: Herr Heinrich möchte nicht vor seiner Stubenthür oben weggehn.

Heinrich. Das kann ich schon glauben.

Abraham. Was meynen der Herr? Werd ich müssen harren noch lange auf den gnädgen Herrn?

Heinrich. Ja, das weis Gott, wenn er wiederkömmt.

Wirth. Ich dächte, Herr Abraham, Sie kämen Morgenfrüh wieder. Es ist heunte so gar spät schon.

Abraham. Wenn nur nicht der gnädge Herr kommen in Grimm deswegen?

Wirth. Sie werden doch nicht!

Philipp. (vertraulich) Aber höre, Mauschel, was bringst du ihm denn?

Abraham. Dem gnäd'gen Herrn hab' ich handeln müssen für sein neues Eheweib eine goldne Kette und eine Schnur Dukaten.

Philipp. (lachend) Ha, ha, ha! Zum Brautschmuck eine goldne Kette und eine Schnur Dukaten! Ha, ha, ha!

Abraham. Ich hab sie gehandelt vorm Thore, von einer Metzgers Frau um billigen Preis.

Philipp. (fortlachend) Zum Todtlachen! Was den Fleischerweibern nicht mehr ansteht, wird ein adlicher Brautschmuck!

Heinrich. Da machst du wohl deinen Schnitt dabey, Mauschel! Aber laß dich nicht ertappen, mein Herr ist ärger als ein Jude! Alles was du abgerieben und abgezwackt hast, zieht er dir ab.

Abraham. Soll mir Gott helfen! Wenn ich verdiene mehr als ein ehrliches Tagelohn!

Philipp. (lachend) Du Tausend Element! Ein ehrliches Tagelohn!

Abraham. Ich will kein ehrlicher Jud seyn! wenn ich gedenke zu schechen den gnädigen Herrn!

Philipp. Es ist noch eine schwere Frage, ob du jemals ehrlich gewesen bist!

Abraham. Mein! Wie können der Herr reden so lästerlich! Was würde der Herr beginnen im Grimme des Zorns, wenn ich wollte reden so frevelhaft?

Philipp. Laß gut seyn, Mauschel, erzürn dich nicht!

Abraham. Ich will nicht kommen zu Gott, wenn ich verdiene viel Brod bey diesem Gewerb!

Heinrich. Laß gut seyn, Mauschel! Geh leg dich zu Bette, zu deinem Weibe! Komm morgen früh wieder.

Abraham. Wann geruhen wohl Ihro Gnaden aufzuwachen vom Schlaf?

Heinrich. Komm nur so um sieben Uhr.

Abraham. Ich wünsche den Herren eine geruhsame Nacht!

Wirth. Schlafen Sie wohl, Herr Abraham!

Philipp. Ich will auch zu Bette gehn und Morgen mit dem frühesten meinem Herrn Rapport bringen. Gute Nacht Kammrad, gute Nacht Herr Wirth!

Wirth. Wünsche wohl zu ruhen Herr Philipp!

Heinrich. Und ich will mich oben vor die Stubenthüre lagern, wie ein Dachs.

Ende des ersten Aufzugs.

Zweyter Aufzug.
(Die Scene ein Zimmer der Frau von Sternheim.)

Erster Auftritt.
Frau v. Sternheim. Wilhelmine.

Fr. v. Sternheim. Gieb dich zufrieden, mein Kind! Ich gebe dich nicht wieder heraus und wenn sich dein Vater auf den Kopf stellt. Wenn du mir nur einen Wink gegeben hättest! Es hätte gar nicht dahin kommen sollen.

Wilhelmine. Wie konnt ich? da ich nicht die geringste Gelegenheit hatte Sie zu benachrichtigen! Unter die Erde hätte ich versinken mögen vor Jammer.

Fr. v. Sternheim. Armes Kind! ich glaub dirs wohl.

Wilhelmine. Die schönen Sommertage, unter tausend Thränen sind sie mir entflohn! Wie oft hab ich in trauriger Einsamkeit auf dem Kirchhof, am Grabe meiner Mutter gekniet und ihren Schatten meine Noth geklagt. Meinem Vater durfte ich meine Thränen nicht merken lassen, er schnaubte mich an, nennte mich ungezogen, ungerathen, halsstarrig. Lauter Titel, die mir die Seele durchbohrten!

Fr. v. Sternheim. Laß ihn nur kommen! Ich will ihn mit seinem ökonomischen Bengel schon aufziehn.

Wilhelmine. O ich bitte Sie, liebste, beste Tante! Es ist doch immer mein Vater!

Fr. v. Sternheim. Beruhige dich, Kind! Für mich ist er nur Bruder. Aber gestehe mir aufrichtig, mein Kind, ist dein Herz noch ganz dein, oder hat ein begünstigter Liebhaber schon Besitz davon genommen?

Wilhelmine. (tiefseufzend) Ah! Wie können Sie doch so wunderlich fragen?

Fr. v. Sternheim. So? Und wie kannst du über eine unbedeutende Frage so tief, tief seufzen?

Wilhelmine. (mit niedergeschlagenen Augen) Ich bin mir nichts bewußt.

Fr. v. Sternheim. Schäme dich nicht, Liebchen! Gesteh es mir! Schließe mir dein Herz auf und laß mich nur einen Augenblick hineingucken! Vielleicht entdeck' ich auf dem ersten Blick ein Bild, ein schönes blühendes Bild, das deine ganze Seele zur Wohnung braucht, das keinem andern ein Plätzchen gönnen will, er sey auch wer er sey, und am allerwenigsten deinem runzlichten Bräutigam.

Wil=

Ein Lustspiel.

Wilhelmine. Ah! Seyn Sie nicht grausam!

Fr. v. Sternheim. Gestehe, Minchen, gestehe! Stelle dir vor, ich sey dein Beichtvater, dem du, ohne eine Sünde zu begehen, kein Geheimniß deines Herzens verschweigen darfst. Ich will dir helfen, wenn ich kann, und dich trösten, wenn ich nicht kann.

Wilhelmine. (fällt ihr um den Hals) Sie können mir nicht helfen, es ist, es ist zu spät!

Fr. v. Sternheim. Du taurest mich, Kind! Ich kann das Geheimniß errathen. Es ist ein trauriger Zustand, wenn man das geliebte, gewünschte Gut immer vor sich fliehen, und das verhaßte, gefürchtete Uebel immer näher auf sich zustürtzen sieht.

Wilhelmine. Ach! liebste, beste Tante, ich soll nicht glücklich seyn auf der Welt!

Fr. v. Sternheim. Aengstige dich nicht, Liebe! Nenne mir immer den Dieb, der dein Herz zur Beute davon getragen hat!

Wilhelmine. (am Bande zupfend) Wer weis, wer weis, in welcher Himmelsgegend er nun lebt, und mich betauret!

Fr. v. Sternheim. Loses Mädchen! du spannest meine Neugier zu lange auf die Folter! Rede, Minchen, rede!

Zweyter Auftritt.

Vorige. Herr v. Sternheim kömmt trillernd.

Fr. v. Sternheim. (ärgerlich) Vetter, Sie kommen zu sehr ungelegner Zeit.

Hr. v. Sternheim. Wie gewöhnlich! ha, ha, ha! Unterthäniger Diener Madam, Mademoiselle! (Ihnen die Hände küssend.)

Fr. v. Sternheim. Was bringen Sie?

Hr. v. Sternheim. Meinen Morgengruß!

Fr. v. Sternheim. Ein sehr entbehrliches Ding!

Hr. v. Sternheim. Ha, ha, ha! Das wollt' ich eben hören!

Fr. v. Sternheim. Ich dächte, Vetter, Sie wären heute einmal sittsam und giengen und ließen uns allein!

Hr. v. Sternheim. Ha, ha, ha! Sittsam!

Fr. v. Sternheim. Folgen Sie! Gehn Sie dießmal, ich will Sie auch loben. Ihr Lachen, Vetter, verursacht mir heute Kopfweh. Binden Sie sich einen bessern Haarbeutel ein. Pfui, Vetter, ein schönes Kleid, und so ein schlechter Haarbeutel!

Hr. v. Sternheim. Was wollen Sie doch, er ist gut!

Fr. v. Stern=

Fr. v. Sternheim. Er muß freylich gut seyn, wenn Sie keinen bessern haben.

Hr. v. Sternheim. Es kann seyn, ha, ha, ha!

Fr. v. Sternheim. (sehr ärgerlich) Junger Herr, seyn Sie nicht ungezogen!

Hr. v. Sternheim. Ich gehe schon! Noch ein Wort!

Fr. v. Sternheim. Nur geschwind, und ohne Gelächter!

Hr. v. Sternheim. Ha, ha, ha! Ein guter Bekannter von mir läßt die gnädge Frau um Erlaubniß bitten Ihr diesen Morgen seine Aufwartung machen zu dürfen, und zwar in Gesellschaft seines guten Freundes, eines alten Hofraths. Ein allerliebster Mann, über dem man sich halb todt lachen muß. Ha, ha, ha!

Fr. v. Sternheim. Da ist mir Angst um Sie, Vetter! Aber wie heißt der Herr?

Hr. v. Sternheim. Von Wahlheim! Wohlgewachsen, galant!

Wilhelmine. Himmel!

Fr. v. Sternheim. Was ist dir, Liebe?

Wilhelmine. (Mit der Hand vor den Augen) Er ists!

Fr. v. Stern=

Fr. v. Sternheim. Geschwind, Vetter, der Herr soll kommen!

Hr. v. Sternheim. Der Hofrath auch?

Fr. v. Sternheim. Es würde unhöflich seyn, es abzuschlagen. Wiewohl ich den Herrn von Wahlheim lieber allein sprechen möchte.

Hr. v. Sternheim. (läuft fort und klopft in die Hände) Nein, nein, der Hofrath muß mit! Ich lache mich zu Tode! (ab)

Dritter Auftritt.
F. v. Sternheim. Wilhelmine. Ein Bedienter.

Wilhelmine. Ich vergehe! Seine Gegenwart —

Fr. v. Sternheim. Ist dir doch nicht zuwider? Es soll mir lieb seyn, wenn ich deinen Geschmack billigen muß.

Wilhelmine. Sie werden ihn nicht hassen können! Sein edles Ansehn, seine freundliche, ernsthafte Miene, sein himmelblaues Auge, so funkelnd, sein gutes Herz — (fällt der Tante schamhaft um den Hals)

Fr. v. Sternheim. (lächelnd) Rede, Minchen, rede! Immer lobe deinen Abgott!

Wilhelmine. (wischt sich die Augen) Doch, er geht mich ja nichts an!

Fr. v. Stern-

Ein Lustspiel.

Fr. v. Sternheim. Freylich, freylich, armes Kind!

Wilhelmine. Ehemals wohl vergnügte mich sein Umgang, da ich hoffen konnte! —

Fr. v. Sternheim. In seinem Arm zu ruhen! Nicht wahr Liebchen?

Wilhelmine. Das eben nicht! Sondern nur — sondern — —

Fr. v. Sternheim. (lächelnd) Laß gut seyn, Närrchen! Ich weis nun, was ich wissen will! Hoffe immer noch! Vielleicht, vielleicht!

Wilhelmine. Ach! mein Vater! Ich hätte nicht entfliehen sollen! Er wird sich kränken!.

Fr. v. Sternheim. Kränken muß er sich für seine Thorheit!

Wilhelmine. Und wenn er kömmt und mich sucht — (verbirgt die Augen) Wie soll ich ihm vor die Augen treten!

Fr. v. Sternheim. Dafür laß mich sorgen! — (Der Bediente tritt herein)

Bedienter. Gnädge Frau! Ein Bedienter verlangt Ihro Gnaden zu sprechen!

Fr. v. Sternheim. Laßt ihn herein! (Bedienter ab) Vielleicht von deinem Wahlheim!

Vierdter

Vierdter Auftritt.
Vorige und Heinrich.

Heinrich. Einen ergebensten Empfehl von Sr. Gnaden dem Herrn von Wildgrub an die gnäd'ge Frau von Sternheim! Mein Herr läßt Ihro Gnaden ersuchen, ob er nicht die Ehre haben könnte diesen Morgen einen Besuch bey Ihro Gnaden abzustatten, er hätte eine wichtige Angelegenheit.

Wilhelmine. (äußerst bestürzt) Himmel! Ich bin verrathen!

Heinrich. Fürchten Sie nichts, gnädiges Fräulein! Mein Herr weis nicht daß Sie hier sind, und von mir soll er es sicher nicht erfahren.

Fr. v Sternheim. Sey er verschwiegen, mein Freund, ich werde dankbar seyn!

Heinrich. Machen Sie sich keine Sorge, gnädbe Frau! Ich habe das gnädge Fräulein so immer von Grund der Seele betauret, daß Sie meinen Herrn heyrathen muß.

Fr. v. Sternheim. Er ist ein braver Mann, verlaß er sich auf meine Erkenntlichkeit! Unterdessen mach er seinem Herrn nur wieder meinen Empfehl und ich erwartete seine Gegenwart mit Vergnügen!

Wil-

Ein Lustspiel.

Wilhelmine. Um Gotteswillen! verrath' er mich nicht.

Heinrich. Sorgen Sie nicht, gnädiges Fräulein! Ich wollte mir eher den Finger wegbeissen! (ab)

Fr. v. Sternheim. Bey dieser Gelegenheit bekomm ich auch diesen zu Gesichte! Der Contrast dieser beyden Liebhaber muß komisch genug seyn.

Wilhelmine. Liebste, beste Tante, helfen Sie mir ja, sonst bin ich verlohren!

Fr. v. Sternheim. Ruhig, meine Tochter, es wird sich alles fügen! Ich helfe dir von einem Manne und zu einem Manne!

Bedienter tritt herein. Gnädge Frau! ein Herr fragt nach Ihro Gnaden!

Fr. v. Sternheim. Welcher von Beyden wird das seyn?

Bedienter. Es ist ein junger Herr.

Fr v. Sternheim. Das ist Wahlheim! Minchen, geschwind in das Nebenzimmer! (Wilhelmine schleicht zitternd hinein) Der Herr kann kommen! Und Fritz, gebt genau Acht, daß uns Niemand unangemeldet überrascht!

D   Fünf-

Fünfter Auftritt.

v. Wahlheim. Fr. v. Sternheim.

v. Wahlheim. Unterthäniger Diener, Madam! (ihr die Hand küssend) Ich freue mich das Glück und die Ehre zu haben in die Bekanntschaft der Fr. v. Sternheim zu kommen.

Fr. v. Sternheim. Und ich freue mich ebenfalls ungemein, in der Person des Herrn von Wahlheim einen würdigen Cavalier kennen zu lernen. (Der Bediente setzt Stühle und geht ab)

v. Wahlheim. Es wird Ihnen seltsam vorkommen, gnäd'ge Frau, daß ich als ein Fremder mich bey Ihnen einzubringen suche.

Fr. v. Sternheim. Im geringsten nicht, mein Herr! Ich kann ja nicht wissen was Sie für ein Anbringen haben.

v. Wahlheim. Eben dieß Anbringen muß Ihnen seltsam vorkommen, (er erblickt Wilhelminens Bildniß und wird zerstreut) seltsam vorkommen!

Fr. v. Sternheim. (lächelnd indem sie die Ursache seiner Zerstreuung merkt) Das muß ich erst hören, mein Herr! Wenn ich Ihnen dienen kann, mit vielem Vergnügen!

v. Wahl-

Ein Lustspiel.

v. Wahlheim. Ihro Gnaden haben sehr schöne Gemälde da aufgestellt!

Fr. v. Sternheim. Sollte bloß die Begierde, meine wenigen Gemälde zu sehen, die Ursache Ihres Besuchs seyn? Wenn das ist, mein Herr, so muß ich Ihnen freylich gestehen, das ist seltsam!

v. Wahlheim. (immer Wilhelminens Bildniß anstaunend) Wahrhaftig! auserlesne Stücke!

Fr. v. Sternheim. Sie kennen wohl eines oder das andre davon? Ich will Ihnen sagen, wer die Personen sind: (sie steht auf und zeigt mit dem Finger) Dieß ist mein Vater, dieß meine Mutter, dieses mein Bruder mit seiner Gemahlin, und dieses — (sie stockt)

v. Wahlheim. (feurig) Wilhelmine!

Fr. v. Sternheim setzt sich. (mit affektirter Verwunderung) Wie, mein Herr, sollten sie das Fräulein kennen? Sie haben recht, Wilhelmine heißt sie, und ist schon eine Braut!

v. Wahlheim. (seufzend) Ah! (er nimmt das Schnupftuch, um es sich nicht merken zu lassen.)

Fr. v. Sternheim. Ich warte alle Stunden auf Ihre Ankunft. Die Verbindung geschiehet hier unter meiner Aufsicht. Der Bräutigam ist schon angekommen. Alleweile hat er sich bey mir melden lassen. Sobald mein Bruder mit dem Fräulein kömmt, wird die Vermählung vollzogen.

v. Wahlheim. So wissen Sie noch nicht, daß das Fräulein geflüchtet ist?

Fr. v. Sternheim. Wie? was sagen Sie, mein Herr? Ich erstaune! Geflüchtet, und warum?

v. Wahlheim. (mit Affekt) Warum anders, als einem Manne zu entgehen, mit dem sie unglücklich seyn muß? Gott! so eine blühende Schönheit wird aus einem verkehrten Eigensinn des Vaters für einem Mann bestimmt, der keine andre Liebe kennt, als die Liebe zum Geld. Dessen dicke Seele von keiner zärtlichen Empfindung jemals durchdrungen worden ist. Der die schöne Natur, der die anmuthigsten Gefilde, Gärten und Wälder nur als ein allgemeines Vorrathshaus betrachtet, aus dem sein unersättlicher Geiz befriediget werden kann! (steht auf, nimmt sein Schnupftuch, geht auf und ab)

Fr. v. Sternheim. Mein Herr, ich sehe Sie nehmen einen ganz außerordentlichen Antheil an dem Schicksal des Fräuleins. Ich danke Ihnen
auf

auf das verbindlichste dafür! Sie haben also, wie ich höre, das Fräulein sehr genau gekannt?

v. Wahlheim. O Madam! ich konnte hoffen mit diesem Engel (auf das Bild deutend) glücklich zu seyn, wenn nicht ein feindseliger Genius mir in dem Weg trat.

Fr. v. Sternheim. Das ist doch wunderbar! und ich weis kein Wort davon.

v. Wahlheim. Und noch, hören Sie itzt die Absicht meines Besuchs, und noch glaub ich hoffen zu können, wenn ich auf Ihren Beystand rechnen darf, gnädge Frau! Ich bitte Sie um Ihrer ehemaligen Liebe willen, wenden Sie alles an, daß ich der Glückliche seyn mag, dem das Fräulein ihre Hand geben darf, ihr Herz hab ich schon, das weis ich!

Fr. v. Sternheim. Trauen Sie auf meinen ganzen Beystand! Sie haben mich um meiner ehemaligen Liebe willen gebeten, und da kann ich Ihnen Ihre Bitte nicht abschlagen.

Bedienter tritt herein. Gnäd'ge Frau! Ein alter Herr kömmt die Treppe herauf!

Fr. v Sternheim. O mein Herr, ich möchte mich gern länger mit Ihnen unterhalten, wollen Sie nicht

nicht so gut seyn und in dieses Nebenzimmer treten! Ihr Nebenbuhler will sich itzt von mir besehen lassen! (sie öffnet das Zimmmer)

v. Wahlheim. Wie Sie befehlen! (er geht hinein und erblickt Wilhelminen) Götter! Fräulein!

Wilhelmine. (innerhalb) O Wahlheim!

Fr. v. Sternheim. (zur Thür hinein) Geschwind! fort! in das nächste Zimmer! dort plaudert so viel ihr wollt! (macht zu) Laß ihn herein, Fritz! (Bedienter ab)

Sechster Auftritt.

v. Wildgrub.   Fr. v. Sternheim.

v. Wildgrub in einem altvätterischen bordirten Kleid, Degen, Camaschen und Schwanzperücke. Gehorsamer Diener, Madam!

Fr. v. Sternheim. Dero Dienerin, mein Herr! Was steht zu Dero Befehl?

v. Wildgrub. Ich wollte mich nur erkundigen, ob meine Braut bey Ihnen eingekehrt wäre! Da schreibt mir der Vater; Sie wäre ohne sein Wissen und Willen davongegangen.

Fr. v.

Fr. v. Sternheim. Um Vergebung, sind sie der Herr von Wildgrub und der Bräutigam meiner Nichte?

v. Wildgrub. Ja, ja! Ich habe immer viel mit dem Landcammerrath zu thun, in Ansehung der Oekonomie, und da hat er mir sie aufgehangen, abschlagen wollt' ich es ihm nicht.

Fr. v. Sternheim. (spottend) So! Ich hielte Sie für einen alten abgedankten Officier, weil Sie eine Zopfperücke und Camaschen tragen. Sie werden mir also verzeihen, wenn ich Ihnen nicht gleich als dem Bräutigam meiner Nichte begegnet bin.

v. Wildgrub. Was sollt' ich denn sonst tragen? Keine Haare hab' ich mehr! Und meynen Sie etwann, ich sollte seidne Strümpfchen tragen? Ich müßte meiner Gesundheit gram seyn! Denn das müssen Sie sich ein für allemal merken: der menschliche Körper muß stets in einem temperirten Zustande bleiben; die Luft muß niemals unmittelbar auf die blose Haut wirken! Und seidne Strümpfchen, ja, die sind so viel, wie gar nichts; zu geschweigen, daß sie eine Menge Geld kosten, dafür man erschrickt.

Fr. v. Sternheim. Da haben Sie recht, mein Herr.

v. Wildgrub. Es ist aber doch ein toller Streich von dem Mädchen so fort zu gehn! Der Vater schreibt mir, sie würde es in der Absicht gethan haben um bald bey mir zu seyn.

Fr. v. Sternheim. (lächelnd, doch heimlich) Sicher, sicher, mein lieber Herr v. Wildgrub! Sie wissen ja, wie junge Mädchen sind!

v. Wildgrub. Aber das sind Narrenspossen! Das muß sie sich abgewöhnen! Ich brauche eine wackre Hausfrau in die Wirthschaft und nicht zur Tändeley. Und was mich am meisten ärgert, das sind die unnöthigen Kosten, die sie dem Vater verursacht. Sie soll mit der Post gefahren seyn, da sie doch mit dem Vater hätte fahren können!

Fr. v Sternheim. Das ist eben das Entsetzlichste bey der Sache!

v. Wildgrub. Sie soll einem derben Wischer bekommen von mir und vom Vater! Und was ich fragen mag, mit der Erbschaft hat es doch seine Richtigkeit?

Fr. v. Sternheim. Mit welcher Erbschaft? mein Herr!

v. Wildgrub. Lose Frau! Sie wollen mir nur Angst machen.

Fr. v.

Fr. v. Sternheim. Im Ernst, im Ernst, lieber Herr Bräutigam, ich verstehe Sie nicht!

v. Wildgrub. Sie setzen doch meine Frau zur einzigen Erbinn ihres Vermögens ein, wenn Sie der liebe Gott aus dieser Zeitlichkeit abfordern sollte?

Fr. v. Sternheim. (laut lachend) Je, wer sagt Ihnen das? Darauf machen Sie sich keine Rechnung! Das wenige, was ich habe, zehr ich auf; und sollte nach meinem Tode was übrig bleiben, so hab ich mehr Anverwandten, unter die es getheilt werden muß, und da wird auf Jedes ungemein wenig kommen.

v. Wildgrub. Aber Sie könnten aufs Land ziehen! Sie leben da um drey Viertheil wohlfeiler, und die Luft ist auch viel gesünder.

Fr. v. Sternheim. Ich lebe gern in der großen Welt, mein Herr, besuche gern Schauspiele, Ball, Masqueraden, Concerts. Auf dem Lande würde ich sterben vor Langerweile. Dann und wann besuch ich gern das freye Feld, seh gerne eine Heerde Kühe oder Lämmer im Grase stehen bis an den Bauch; aber meine ganze Lebenszeit unter Kühen, Gänsen und Schaafen zuzubringen; das wäre für mich unerträglich!

v. **Wildgrub.** (den Kopf schüttelnd) Und ich wüßte nichts Nützlichers als dieses. Das erkannten auch die Altväter wohl, die pflügten alle selber den Acker. Ein ehrlicher römischer Biedermann wurde von dem Pfluge zur Armee geholt und zum Generalfeldmarschall gemacht, und wenn der Krieg geendigt war, gieng er doch wieder hinter den Ochsen her und pflügte.

Fr. v **Sternheim.** Die Zeiten sind vorbey! itzt muß man sich in die Welt schicken und kein Sonderling seyn wollen.

v. **Wildgrub.** Sie werden doch, zum Henker, nicht die Mode dem Nützlichen vorziehen wollen? Und sagen Sie mir einmal, heh! Was ist nützlicher, als die Viehzucht aus dem Grunde studiren, alle Krankheiten des Rindviehs nebst den Mitteln dawider kennen lernen, die jungen Ochsen unter das Joch bändigen, die Schaafzucht immer mehr und mehr in Aufnahme zu bringen suchen, die edle Bienenzucht betreiben, und Obstbäume pflanzen? Das ist der wahre Reichthum eines Landes!

Fr. v. **Sternheim.** Dawider hab ich nichts, mein Herr! Es verdrüßt mich nur, daß der Staatsmann zum Bauer werden will und der Bauer zum Staatsmann.

mann. Denn ich glaube, daß der Bauer, der nach seiner Väter Weise den Acker pflügt, ein nützlicheres Mitglied der menschlichen Gesellschaft ist, als ein Schock von halbgelehrten Bürgern und Edelleuten nicht sind, die in hundert Folianten von der Verbesserung des Landbaues schwatzen und schreiben. Warum will eine höhere Classe von Menschen, denen die Verwaltung der Justiz, die Verbesserung der Gesetze, die Cultur des menschlichen Verstandes am Herzen liegen soll, warum will diese ihren Beruf verkennen und lieber mit Verwahrlosung ihrer bürgerlichen Aemter auf dem Lande herumlaufen und den Bauer lehren, wie er den Acker düngen und pflügen soll? Und das Unausstehlichste bey der Sache ist, daß ein sogenannter ökonomischer Pedante alle andre bürgerliche und gelehrte Beschäftigungen nicht selten verachtet —

v. Wildgrub. Verachten, verachten! Die Sache verstehn Sie nicht! Die Oekonomie wird nur allen andern Geschäften vorgezogen, Madam, vorgezogen, und das zwar mit Recht; denn sie ist gleichsam die Mutter aller Tugenden.

Fr. v. Sternheim. Und nicht selten die Mutter aller Laster, Herr, nämlich des Geizes. Denn viele der Herren Oekonomen sind die schmutzigsten Geiz-

Geitzhälſe, unerträgliche Geſchöpfe in der menſch‑
lichen Geſellſchaft.

v. Wildgrub. Mit Ihrer Geſellſchaft! Was
ſchaffen denn dergleichen Geſellſchaften für Nutzen,
he?

Fr. v. Sternheim. Sie ermuntern die Seele,
verſchönern die Sitten und machen uns das Leben
erträglich.

v. Wildgrub. (den Kopf ſchüttelnd) Das weis ich
nicht was Sie für eine wunderliche Frau ſind!

Bedienter tritt herein. Ihro Gnaden, es kömmt
Beſuch! (ab)

v. Wildgrub. Wieder auf die Erbſchaft zu kom‑
men, etwas werden Sie doch meiner Braut zur
Mitgift geben?

Fr. v. Sternheim. Ich kann nichts verſprechen,
denn ich bin geſonnen wieder zu heyrathen!

v Wildgrub. Das thun Sie doch ja nicht! Sie
ſind ja ſchon eine ältliche Frau!

Fr. v. Sternheim. Was ſchadet das, ich nehme
das Beyſpiel von Ihnen. Sie ſind noch einmal ſo
alt als ich, und doch werden Sie ein Ehemann!

v. Wildgrub. Aber die Hochzeit richten Sie
doch aus?

Fr. v. Stern‑

Fr. v. Sternheim. Vielleicht!

v. Wildgrub. Aber ganz in der Stille, Madam, ganz frugal!

Siebender Auftritt.

Vorige.   Redlich und Herr v. Sternheim.

Redlich noch außerhalb. Wo gehts denn zu? da hinein, oder da?

Hr. v. Sternheim. Ha, ha, ha! Hier, Herr Hofrath, hier belieben Sie! (öfnet die Thür)

Redlich. (keichend) Unterthäniger Diener, Madam, unterthäniger Diener! Die verteuffelten Treppen! Nehmen Sie mirs nicht übel, ich muß mich setzen! (setzt sich)

Fr. v. Sternheim. (mit einer tiefen Verbeugung) Brauchen Sie Ihre Bequemlichkeit mein Herr!

Redlich indem er Wildgruben erkennt. (verwundernd) Je, gehorsamer Diener, Herr v. Wildgrub, gehorsamer Diener! Treffen wir einander hier? Ich habe Sie noch nicht können zu sehn kriegen, ungeachtet wir in einem Gasthofe logiren! Nun, wie gehts, was machen Sie guts? Wie ich gehört habe, sind Sie gar ein Bräutigam! Zum Henker, Sie hal-

halten sich gar spät dazu! Ich bin schon Großvater von einem halben Dutzend Enkeln. Ey, ey, Sie haben viel versäumt!

(Hr. v. Sternheim steht hinter einem Stuhl und begleitet gemeiniglich das Gespräch des Hofraths mit Lachen. Die Fr. v. Sternheim zischelt ihm ins Ohr, daß er Wilhelminen nicht verrathen soll.)

v. Wildgrub. Dafür werden Sie auch ein Paar Dutzend Jahre früher zu Grabe gehn müssen.

Redlich. Was liegt daran? Da mach ich der jungen Welt Platz. Denn wenn wir alten Kerls die Welt nicht mehr bevölkern können, da immer fort mit uns! In der Jugend, Herr, in der Jugend müssen wir unser Meisterstück machen.

v. Wildgrub. Da kömmt viel dabey heraus! Man siehts, wenn die Leute so jung zusammenkommen, da haben sie, ehe man sichs versieht, ein Dutzend Kinder aufm Halse.

Redlich. Ist das nicht ein herrlicher Segen?

v. Wildgrub. Wo will aber das Land mit einer so ungeheuren Menge Menschen endlich hin?

Redlich. Herr, das verstehn Sie nicht! Ein Land kann niemals zu viel Einwohner haben. Eine Grille ist es, eine verdammte Grille, wenn man

glaubt,

glaubt, die Anzahl der Einwohner müsse der Größe eines Landes proportionirlich seyn. Wo viel Einwohner sind, da wird jeder Winkel bebaut, da blühen Manufacturen und Handlung! Denn es ist ganz natürlich, die Kerls wollen essen, und wenn der Acker nicht zureicht sie zu ernähren, so muß es die Handlung thun. Man sehe Holland an! Daher sollte jeder Fürst dem Mann eine Belohnung geben, der ein Dutzend frische Buben und Mädel zeugt. Denn glauben Sie nicht, daß die Existenz eines einzigen Menschens mehr zu sagen hat, als die Existenz von zehn Bienenkörben? (Hr. v. Sternheim lacht)

v. Wildgrub. Vielleicht auch mehr als die Existenz von zehn Büchern!

Redlich. Wer hat daran gezweifelt? Ich bilde mir auf meinen Vater- und Großvaternamen weit mehr ein als auf meinen Autortitel. Die Republick kann bestehen ohne Autors, aber nicht ohne Väter.

Hr. v. Sternheim. Ha, ha, ha! Ja, ja, mein Herr, mit dem Herrn Hofrath kommen Sie nicht aus!

Fr. v. Sternheim. Wenn verständige Leute reden, müssen Sie hübsch schweigen junger Herr! —
(zum

(zum Hrn. v. Wildgrub) Mein Herr! weil die Ehe so angenehm und dem Staate so vortheilhaft ist, so hab' ich die Ehre Ihnen in der Person des Herrn Hofraths meinen künftigen Gemahl bekannt zu machen. (Hr. v. Sternheim lacht)

Redlich. (stutzt anfänglich merkt aber bald ihre Absicht) Ja, ja, Herr, wenn ich schon nur ein bürgerlicher Hofrath bin, und ein alter Kerl, so bin ich doch immer bey dem Frauenzimmer gelitten.

v. Wildgrub. (steht auf) Ich habe nichts dawider.

Fr. v. Sternheim. Wollen Sie uns verlassen?

v. Wildgrub. Ich muß mich doch nach dem hundsföttischen Mädchen erkundigen! Noch ein Wort, Madam, die Hochzeit richten Sie doch aus?

Fr. v. Sternheim. Ja, mein Herr, die Hochzeit richt' ich aus!

v. Wildgrub. Aber nur ganz frugal, verstehn Sie mich? ganz frugal!

Fr. v. Sternheim. Sehr wohl! Unterdessen wünsch ich Ihnen wohl zu leben!

v. Wildgrub. Gehorsamer Diener, Madam, gehorsamer Diener! (ab)

Redlich.

Redlich. Pros't die Mahlzeit, Herr v. Wildgrub!

Hr. v Sternheim. (hüpfend und in die Hände klopfend) Ha, ha, ha! Ein allerliebster Bräutigam! Wie ein alter französischer Bürger zu Paris!

Redlich. (nimmt sich eine Prise) Sind Sie in Frankreich gewesen, junger Herr?

Fr. v. Sternheim. Behüte, Herr Hofrath, dafür mag ihn sein gut Gestirn behüten!

Hr. v. Sternheim. Ha, ha, ha! warum denn?

Redlich. Ihr Name würde vielleicht ein Nomen appellativum werden, mit dem man hier jeden Stutzer belegte, nehmen Sie mirs nicht übel!

Hr. v. Sternheim. Ha, ha, ha! Ein Tausendsasa, der Herr Hofrath!

Fr. v. Sternheim. Bravo, Herr Hofrath! (öfnet das Cabinet) Er ist fort, Minchen! —

Achter Auftritt.

Wilhelmine und v. Wahlheim treten herein.

Redlich (verwundernd) Je, je! Potztausend! Wo denn daher? Schon so vertraut? Gehorsamer Diener, gehorsamer Diener, Fräulein!

Wilhelmine macht ihm schüchtern ihr Compliment.

E   v. Wahl-

v. Wahlheim. Fürchten Sie nichts, Fräulein! Mein Lehrer und Freund!

Redlich. Ich bin ein ehrlicher Kerl, Fräulein! Fürchten Sie sich nicht!

Fr. v. Sternheim. Was meynen Sie, Herr Hofrath, wär' es nicht Sünde so ein schönes Paar zu trennen?

Redlich. Das versteht sich, Madam! Ich sehe, Sie haben Raison. Ich kam eben in der Absicht die Sache mit Ihnen zu überlegen. Helfen Sie ein Paar Leuten zusammen, die einander werth sind. Ich will auch thun was ich kann! (zu Wilhelminen) Schämen Sie sich nicht vor mir! Ich versteh das Ding lange! Der Vater stürzet Sie, hol mich der Henker, ins Unglück!

Fr. v. Sternheim. Der Vater soll sie nicht wieder in seine Gewalt bekommen. Hätte der Herr v. Wahlheim mich seine Gesinnung nur eher wissen laßen, Sie sollten schon ein Paar seyn!

Redlich. (zu Wahlheim) Da haben wirs! Ausprügeln möcht ich Sie, junger Herr!

v. Wahlheim. Die Liebe, gnädge Frau, ließ mich zu keiner Ueberlegung kommen!

Hr. v. Stern=

Hr. v. Sternheim. (am Fenster) Um Gottes willen! Ha, ha, ha! Kommen Sie her, kommen Sie her!

Fr. v. Sternheim. (am Fenster) Minchen, komm doch, ein schönes Schauspiel! Dein Geliebter mitten unter einer Heerde Juden!

Wilhelmine. (kehrt wieder um) O lassen Sie mich! Ich mag ihn nicht sehen!

(Herr v. Sternheim klopft in die Hände und hüpft herum.)

Fr. v. Sternheim. Wer weis, was er dir schachert zum Brautschmuck!

v. Wahlheim. Ich will es Ihnen sagen, gnäd'ge Frau! Es hat ihm ein Jude von einem Fleischerweibe eine Schnur Dukaten und eine goldne Kette handeln müssen. Beydes ist zum Brautschmuck des gnäd'gen Fräuleins bestimmt.

Fr. v. Sternheim. (laut lachend) Gott verzeih mir meine Sünde! Minchen, freue dich doch!

Wilhelmine. Ich bitte Sie, schonen Sie meiner! Ihr Scherz durchbohrt mein Innerstes!

Redlich. Er liebt das Solide. Und was ist solider als Gold? Ganz Unrecht hat er nicht. Was helfen die vielen Firlefanzereyen beym heutigem Putze des Frauenzimmers?

Hr. v. Sternheim. (guckt durch sein Fernglas) Ha, ha, ha! Itzt besieht er ein Wamms!

Fr. v. Sternheim. Er hält den Körper gern warm.

Hr. v. Sternheim. Itzt ein paar schwarze Camaschen! Ha, ha, ha!

Fr. v. Sternheim. Seidne Strümpfe sind ihm zu luftig und zu theuer.

Hr. v. Sternheim. Itzt eine schwarze Budelmütze!

Fr. v. Sternheim. Der arme Mann, er ist ein Kahlkopf!

Hr. v. Sternheim. Itzt geht er fort, und die Juden alle hinter ihm her! (lacht, hüpfet vom Fenster und klopft in die Hände)

Redlich. (ärgerlich) Der Kerl ist ein Narr! (nimmt sich eine Prise) Der Geitz kennt keine Gesetze des Wohlstandes! Solche Kerls sollten von der Obrigkeit gezüchtigt werden! So eine Canaille macht einer Menge Menschen, die das Unglück haben ihm zu gehorchen, das Leben zur Hölle!

Fr. v. Stern=

Fr. v. Sternheim. (bitter) Und meine liebe Mine sollte dem Bengel aufgeopfert werden? Nimmermehr!

v. Wahlheim. Lassen Sie uns auf Mittel sinnen das Fräulein zu retten!

Wilhelmine. Ich zittre, wenn ich an meinen Vater denke! Er wird kommen und mich aufsuchen! Gott! Was soll ich anfangen?

Fr. v. Sternheim. Nichts, meine Tochter! Du sollst in deinem Cabinet verborgen bleiben, bis Freude und Liebe dich herausrufen!

Redlich. Junges Fräulein, Sie sind zu superstitiös! Der Vater hat kein Recht Sie unglücklich zu machen. Und beharrt er drauf es zu thun, so ist er kein Vater mehr, sondern ein Tyrann, und dann sind Sie berechtigt Ihrem Vortheil zu suchen, wie Sie nur können. Die Welt ist ja groß! Suchen Sie sich mit Ihrem Geliebten ein Plätzchen aus, und da bauen Sie sich an, essen Sie und trinken Sie was Sie haben, bevölkern Sie den Erdboden, genießen Sie das Leben weil Sie jung sind, und lassen Sie den Himmel sorgen! (zieht die Hosen herauf)

Wilhelmine. Und ich sollte meinen Vater verlassen? O mein Herr, lieber will ich alles erdulten!

Redlich.

Redlich. Ja, die weibliche Zärtlichkeit! Ueber die möchte man melancholisch werden für Aerger und Entzücken! So geht mirs auch mit meinen Mädeln. Wenn ich denke, ich will ihnen einmal das Gewissen schärfen, da kommen sie und gehn um mich her und gucken mir so wehmüthig in die Augen und wollen es nicht mehr thun; und da steht der alte Kerl da und weint fast selber mit!

Fr. v. Sternheim. O Sie lieber Vater! Wie lieb ist es mir Sie kennen zu lernen!

Redlich. Wir sind ja alle jung gewest! Wer wird von jungen Leuten verlangen, daß sie alte Männer seyn sollen? Das ist eine närrische Grille! Es ist ganz wider den Lauf der Natur. Das Brausen giebt sich von selbst. So lange sie nicht offenbar alle Regeln des Wohlstandes verletzen, kann man sie immer auszauchzen lassen. Solche Leute werden gemeiniglich immer die brauchbarsten Männer in der Republick. Denn sie arbeiten in einer Stunde mehr, als so ein Träumer in einem Monate! (Fr. v. Sternheim hüpft und lacht)

Fr. v. Sternheim. Aber wie fangen wir es an, Herr Hofrath, daß wir den alten filzigen Bräutigam

gam auf eine gute Art los werden, ohne Lärm zu machen?

Redlich. Wissen Sie was, Madam, ich will dem alten Bruder zusetzen, will ihm Himmel und Hölle vormalen, will ihm ein Schock Exempel aus der alten und neuern Geschichte anführen, wo alte Männer von jungen raschen Weibern mit stattlichen Hörnern sind gekrönt worden — (Hr. v. Sternheim hüpft und lacht) Monsieur, wer wird über alles lachen? Pfui! das läßt nicht, das ist albern!

(Wahlheim und Wilhelmine schwatzen einsam am Fenster)

Fr. v. Sternheim. (drohend) Vetter! — Und wissen Sie was, Herr Hofrath, wie ich sehe, steht der alte Geck in der Meynung, er werde einst Universalerbe von meinem Vermögen werden. Diese Hoffnung benehmen Sie ihm ganz! Reden Sie ihm durchaus ein, Sie seyen mein Bräutigam.

Redlich. Wetter! Ein herrlicher Einfall! Er läßt sie ganz gewiß fahren. Denn er sieht das Fräulein als einen Kasten voll Dukaten an; kann man ihm nun das Gegentheil einreden, so wett' ich, er dankt Gott, wenn er wieder von ihr loskommen kann.

Fr. v. Stern=

Fr. v. Sternheim. Das hoff ich selbst! Er meynte ohnedem, das Fräulein wäre ihm vom Vater aufgehangen worden.

Redlich. Verlassen Sie sich drauf! Der Landtag soll dem alten Gesellen zu keiner Frau helfen!

Hr. v. Sternheim. Ha, ha, ha! Excellent, excellent!

Redlich. Herr, Sie zerplatzen einmal wie der Frosch in der Fabel! Pfui, schämen Sie sich, das ist läppisch, das ist albern!

Fr. v. Sternheim. Sollte man wohl glauben, daß der junge Herr auf Universitäten gewesen wäre?

Redlich. Hätt' ich Sie nur unter meiner Zucht gehabt! Ich weis schon, über alles zu lachen, über alles die Nase zu rümpfen, das ist die Art solcher junger Purschen. Ich kannte einmal einen excellenten Kopf, der wollte ein Büchelgen herausgeben, worinnen er die Fehler eines sehr verdienten Mannes mit großem Fleiß gesammlet hatte. Ich sagte aber: Herr, sehn Sie einmal, was Sie thun! Sie haben ein Büchelchen geschrieben, das ohngefehr sechszehn bis achtzehn Artickel enthält, und das Werk dieses Mannes, wider den Sie in einem so

bittern

bittern Tone schreiben, enthält viel hundert Artickel. Wer hat nun mehr gearbeitet? Er schämte sich und schwieg! —

Fr. v. Sternheim. Wie edel denken Sie doch, mein Herr!

Redlich. Der Jugend kömmt alles lächerlich und wunderbar vor. Das macht ihre Ignoranz. So ist es auch mit dem Reisen beschaffen; wenn die jungen Herren erst in ihrem deutschen Vaterlande herumreiseten und alle Merkwürdigkeiten besähen, dann würden sie nicht, wie die Maulaffen, in Paris jedes Hotel begaffen, und sich auslachen und für teutsche Dummköpfe halten lassen. (zieht die Hosen herauf)

Bedienter tritt herein. Gnäd'ge Frau! ein Bedienter —

Neunter Auftritt.
Vorige. Philipp.

Philipp eilig zu Wahlheim. Gnäd'ger Herr! Alleweil ist der Herr Landcammerrath von Hartmann in unserm Gasthof abgestiegen!

Wilhelmine. O Gott! Mein Vater! Wo soll ich hin? (Bedienten ab)

v. Wahlheim. Was ist zu thun, gnädge Frau?

Fr. v. Sternheim. (spottend) Wenn Sie sich nicht zu helfen wissen, mein schöner Herr, ich weiß es noch viel weniger.

Reblich. Consilium ex tempore capere! Das heißt, wenn der Vater nicht will, so muß er. Sie nehmen einen Wagen, setzen Sich mit dem Fräulein hinein, fahren nach Berlin, lassen Sich trauen und leben als Mann und Weib.

Wilhelmine. (ängstlich) Um Gottes willen! Nimmermehr! Nimmermehr!

Reblich. Warum nicht? Ich kenne einen braven Cavalier, der es so machte und sich wohl dabey befand. Er entführte ein excellentes Fräulein, aber Notabene, mit ihrem Willen. Der Vater war auch so ein Narr und wollte sie ihm nicht geben. Nun ist alles gut, der Vater ist ausgesöhnt, die zwey Leutchen haben Kinder wie die Puppen! Die Dame ist ein rasches Weib, kann reiten, schießen und fahren, sie fährt sich allein, jagt vier Hengste vom Bock, oder gar aus der Chaise! Hui! Das geht! (zieht die Hosen herauf.)

Fr. v. Stern-

Fr. v. Sternheim. Dieses soll unsre letzte Zuflucht seyn, Herr Hofrath! Erst brauchen wir List und dann Gewalt.

Redlich. Das ist auch die Meynung! Ich setze dem alten Bräutigam zu und mache ihm bange vor der Ehe; und Sie, Madam, setzen dem Vater den Kopf wieder zurechte, der ohne Zweifel um ein Paar Zoll verrückt seyn muß!

Hr. v. Sternheim. (am Fenster) Der Landcammerrath, da kömmt er, da kömmt er!

Wilhelmine. (flüchtet in das Zimmer) Himmel! Ich bin des Todes! —

Redlich. (zu Wahlheim) Kommen Sie, kommen Sie, wir sind nichts nütze bey der Unterredung! Unterthäniger Diener, Madam! Ich muß zu Tische, ich bin verteuffelt hungrig. (wackelt fort)

Fr. v. Sternheim. Ich verlasse mich auf Ihre Klugheit, Herr Hofrath!

Redlich. (ausserhalb) Ich will ihm die Braut schon abschwatzen! — Wo geht denn die Treppe hinunter?

v. Wahlheim. Und ich verlasse mich auf die Ihrige, gnädge Frau! (küßt ihr die Hand und geht ab)

Fr. v. Stern=

Fr. v. Sternheim. Das versteht sich, mein Herr!

Hr. v. Sternheim. Und ich lache mich zu Tode, wenn der Alte um seine Braut kömmt! (hüpft fort)

Fr. v. Sternheim. (redet zur Thür des Nebenzimmers hinein) Mine, begieb dich in das andre Zimmer, und halte dich ruhig! (schließt zu, und geht ans Fenster) Da kömmt er gestiegen! Ziemlich eilend! Bey Gott! ich glaube er redet mit sich selbst! (sie redet zur Thür hinaus) Fritz, laßt den Herren der itzt kommt nur gleich herein! (geht wieder ans Fenster) Er ist schon zum Hause herein! Ich will immer den Mund in Falten legen! — — Stille, da ist er schon!

v. Hartmann. (in der Scene) Ist meine Schwester zu Hause? (Bedienter öfnet das Zimmer)

Zehnder Auftritt.

v. Hartmann. Fr. v. Sternheim.

v. Hartmann. (hastig, küßt sie) Gott grüß Dich, Schwester, Gott grüß Dich! Denk' um Gottes willen, das Angstkind ist mir davongelauffen!

Fr. v. Sternheim. (gleichgültig) So hab' ich leider gehört! —

v. Hartmann. Denk' ums Himmelswillen den Spectacul den mir das Rabenkind macht!

Fr. v. Stern=

Fr. v. Sternheim. (spöttisch) Und wer ist Schuld daran, als der liebe Herr Vater!

v. Hartmann. Wer? Was? Ich Schuld daran! Der ungehorsame Ranke! —

Fr. v. Sternheim. Pfui, schäme Dich, Bruder! Gegen ein einziges Kind so zu verfahren! Aus einem liebreichen Vater in einem fühllosen Tyrannen auszuarten! Was hat die Arme anders thun können als fliehen, da ihr lieber Herr Vater sie mit Gewalt in das unerträglichste Unglück stürzen wollte?

v. Hartmann. Ins Unglück? ins Unglück? Du bist nicht klug, Schwester, nicht klug!

Fr. v. Sternheim. Freylich, eins von uns Beyden ist ein Narr!

v. Hartmann. Ist das ein Unglück, ist das tyrannisch, wenn ich sie an einen braven wirthschaftlichen Mann bringen wollte? Das Unglücks Kind!

Fr. v. Sternheim. Ist das klug? Ist das eine Wohlthat? Ein junges blühendes Mädchen wider ihre Neigung einem alten, welken, schmutzigen Knicker aufzudringen?

v. Hartmann. Schwester, mach mich nicht böse! Rede nicht so ungezogen von einem alten ehrwürdigen

digen Hausvater, der mehr Verstand besitzt als Du und Dein ganzes aberwitziges Geschlecht!

Fr. v. Sternheim. (ärgerlich) Bruder, du bist ein Narr! Kurzum steh ab von deinem tollen Unternehmen, oder Wilhelmine soll nie wieder vor Deine Augen kommen! Ich suche sie selbst auf, verberge sie vor Dir, und gebe sie einem Manne der sie verdient.

v. Hartmann. (böse) Das wäre doch kurios, wenn ich als Vater nicht thun könnte was ich wollte! Das wäre mir Recht! Ich merke schon den Schleichhandel! Ich bin nicht so tumm! Monsieur Wahlheim, der Hasenfuß, steckt dem Mädel im Köpfchen! Aber siehst Du, Schwester, ich will nicht Hartmann heisen, wenn sie der flatterhafte Stutzer kriegen soll!

Fr. v. Sternheim. Und warum soll er sie nicht bekommen? Hat er nicht ein schönes Schuldenfreyes Rittergut?

v. Hartmann. Was hilft das! Er versteht ja nicht das Geringste von der Wirthschaft, weis gar nicht was Oekonomie heißt! Wie sollte das werden, wenn er eine Frau kriegte? Ehe man sich es versähe, würde das Gütchen verschuldet seyn. Ich will

will nicht ehrlich seyn, wenn der Mensch weiß wie ein Pflug aussieht! Aber geh einmal hin auf das Gut meines Eidams: das Herz in Leibe lacht einem, wenn man sieht wie alles grünt und blüht, wie herrlich die Baumschule steht, wie die Bienenhütte so voll gepfropft ist von Körben, daß er sie auf künftiges Frühjahr, wills Gott, um ein großes Stück wird müssen erweitern laßen!

Fr. v. Sternheim. Unbegreiflich! Bruder, Deine Natur muß durch ein Wunderwerk verwandelt worden seyn! In der Jugend so sorglos, leichtsinnig, ein Freund von Lustbarkeiten, und itzt —

v. Hartmann. Das hab' ich eben dem rechtschafnen, einsichtsvollen Herrn von Wildgrub zu danken! Der hat mich erst gelehrt, was die Oekonomie für ein göttliches Studium sey. Ich kann nicht genug dankbar dafür seyn. Und ich seh' es als die größte Wohlthat an, daß er meine Mine zur Frau nehmen will! Das Rabenkind das!

Fr. v. Sternheim. Aber sie sieht es als ihr größtes Unglück an.

v. Hartmann. Woher weißt du das?

Fr. v. Sternheim. Sie hat mirs geschrieben.

v. Hart-

v. Hartmann. Die Närrin! Sie weis nicht was ihr gut ist! Das muß der Vater besser verstehn! Und Kurzum, ich lasse mir nicht in mein Amt greifen. Sie muß des Herrn v. Wildgrub Frau werden, und wenn Sie toll würde!

Fr. v. Sternheim. Bruder, überlege die Sache doch ernstlich! Ziehe nicht Deine Grillen, nicht Deinen Vortheil, sondern das Herz dabey zu Rathe!

v. Hartmann. Was willst Du doch mit Deinem Ueberlegen? Die Sache ist ja schon richtig!

Fr. v. Sternheim. Weist du auch, daß ich meine Gesinnung in Ansehung der Erbschaft ändern kann, wenn Du nicht von Deiner Grille abstehst?

v. Hartmann. Das steht bey Dir! Ich hab' es schon gehört, daß du wieder heyrathen willst.

Fr. v. Sternheim. Aber Bruder, ich bitte Dich um Gottes willen, mache Dein Kind nicht unglücklich!

v. Hartmann. Rede kein Wort! Ich würde so ein Glück von mir stoßen!

Fr. v. Sternheim. (hitzig) So geh mir aus den Augen! Unbesonnener! (geht in ihr Cabinet)

v. Hart-

v. Hartmann. Unvernünftge Frau! Ich würde so ein Glück von mir stoßen! So einen bewundernswürdigen Oekonomus! (geht ab)

Ende des zweyten Aufzugs.

Dritter Aufzug.
(Die Scene, ein ansehnlicher Saal im Gasthof.)

Erster Auftritt.
v. Wildgrub und v. Hartmann.

v. Wildgrub. Ueberhaupt die Tauben können Sie gar abschaffen!

v. Hartmann. Aber, lieber Herr Eidam, ich dächte die Menge müßte doch immer was eintragen?

v. Wildgrub. Blutwenig! Und wenn es ja seyn muß, so müssen Sie Ihr Taubenhaus in Ansehung der Lage verändern!

v. Hartmann. Ist die Lage so nicht recht?

v. Wildgrub. Bewahre der Himmel! Es liegt viel zu nahe am Wasser und am Walde. Vors erste benimmt der Busch den Tauben die freye Aussicht und den freyen Flug; vors zweyte kann sich der Habicht

bicht meisterlich in dem Gesträuche verstecken; vors dritte rauschen die Bäume zu sehr, wenn Wind ist.

v. Hartmann. (ärgerlich) Daß dich doch! Darauf hätt' ich nun gleich denken können!

v. Wildgrub. Das Wasser rauscht auch zu sehr; zu geschweigen, daß sich die Tauben gern baden: wenn sie nun brüten, da fliegen sie mit den nassen Federn auf die Eyer, und benehmen ihnen die gehörige Wärme, und die Brut geht verlohren!

v. Hartmann. Freylich, freylich! Man lernt doch nimmermehr aus! Aber das gottlose Kind! Sie kann doch zu Schaden kommen! Gott weis, wo sie herumschwärmt!

v. Wildgrub. Denken Sie mir nicht an sie! Lassen Sie die ungerathne Ranke zur Zigeunerin werden! Und was ich sagen wollte, wenn Sie die Bäume raupen, so thun Sie es hübsch nach dem Regen, denn da sind die Raupen alle im Neste.

v. Hartmann. Sehr wohl! Aber wissen Sie kein Mittel wider die Ameisen, lieber Herr Eidam?

v. Wildgrub. Wunderlicher Mann! da dürfen Sie ja nur dem Stamm vom Baume mit Weineßig bestreichen!

v. Hart=

Ein Lustspiel.

v. Hartmann. Das muß ich mir doch anmerken. (nimmt seine Schreibetafel schreibt und liest) Mittel wider die Ameisen: Bestreiche den Stamm des Baumes mit Weineßig. (steckt sie ein) Aber das Angstkind! Es geht mir doch im Kopfe herum!

v. Wildgrub. Lassen Sie auch den Brand nicht ins Getraide kommen! Wenn das Korn voll Milch ist und es fällt ein heisser Sonnenregen drauf, den müssen Sie gleich abstreichen. Das machen Sie so: Sie nehmen ein langes Seil, und Einer geht auf dieser Seite und der Andre auf jener, und so wischen Sie gleichsam den verderblichen Regen ab!

v. Hartmann. Ganz wohl, Herr Eidam, ganz wohl! Aber wenn ich nur meine Mine wieder hätte! Das Angstkind!

v. Wildgrub. Je, so nehmen Sie doch itzt die Gedanken zusammen! Bekümmern Sie sich um Ihre Oekonomie, und nicht um das ungezogne Mädchen! — Die Ziegen schaffen Sie alle ab, sie schaden mehr, als sie nützen!

v. Hartmann. Das hab' ich selber eingesehn. Es ist ein genäschigtes Vieh! Neulich haben mir doch die Canaillen ein halb Dutzend junge Franzbäume zu Schanden gefressen!

v. Wild-

v. Wildgrub. Das weis ich lange! — Wie stehts mit der Forellenbach?

v. Hartmann. Mit den Forellen bin ich nicht glücklich! Sie gehn mir alle ein. Sie liegen so traurig aufm Boden —

v. Wildgrub. Sie haben zu wenig Wasser! Sie müssen den Bach fließend machen, müssen den Boden mit klarem Sand bestreuen, und Steine hineinlegen damit es murmelt, und den Rand des Bachs müssen Sie mit jungem Grase einfassen!

v. Hartmann. Sollte das tauglich seyn, lieber Herr Eidam?

v. Wildgrub. Mein Gott! wie können Sie so wunderlich seyn und noch lange viel fragen? Die Mittel sind alle probat!

v. Hartmann. Aber wenn ich nur das gottlose Kind wieder hätte!

v. Wildgrub. Hören Sie nur an, der dumme Streich von Ihrer Tochter will mir gar nicht recht im Sinn. Dem Mädchen steckt schon der Luxus im Kopfe! Gott weis, was sie für einen Kerl auf der Seite hat, dem sie nachgelauffen ist!

v. Hartmann. Ja wohl der Luxus, Herr Eidam, der Luxus —

v. Wild=

Ein Lustspiel.

v. Wildgrub. (im Affekt) Ist eine Erfindung des Teufels! ein tausendköpfigtes Ungeheuer, das Land und Leute zusammenfrißt! Das sag' ich Ihnen, wenn Ihr Mädel einmal davon angesteckt ist, da sind wir geschiedne Leute!

v. Hartmann. Da sey Gott für! Lieber Herr Eidam.

v. Wildgrub. Und noch dazu, da Ihre Schwester nicht Wort hält, und weiter nichts thun will als die Hochzeit ausrichten.

v. Hartmann. Das macht der verwünschte Ehestandskitzel.

v. Wildgrub. Ja nun! Wie komm ich aber dabey zu Rechte?

v. Hartmann. Das will ich schon vergüten, lieber Herr Eidam! Da machen Sie sich keine Sorge!

v. Wildgrub. Und was ich sagen will, die Gänse lassen Sie nicht auf die Wiesen treiben, sie verderben die Wiesen, und ersticken öfters an dem langen zähen Grase.

v. Hartmann. Auch die Enten, nicht wahr?

v. Wildgrub. Wer sagt das? Die Enten mögen gehn wo sie wollen.

v. Hartmann. Auch das, auch das! Lieber Herr Eidam! Wie Sie wollen! Wenn ich nur in aller Welt wüßte, wo das ungerathene Kind steckte!

v. Wildgrub. Wenn sie nicht bald ankömmt, so reis' ich ab. Ich will des Mädchens halber nicht meine Wirthschaft liegen lassen!

v. Hartmann. Bewahre der Himmel! Ich will gleich auf die Post laufen und mich erkundigen. Das Angstmädchen! Was sie mir für Noth macht. (ab)

v. Wildgrub. Ich dächte, ich reisete immer heimlich fort! Ich mag sie gar nicht haben, denn ich sehe wohl, das Mädchen artet ihrer Mutter nach, und da würde ich schon zu etwas kommen! Und von der Tante kriegt sie nichts. Ja, ja, ich reise fort —— Aber wenn mich der Alte verklagt, da kann ich eine Menge Unkosten bezahlen müssen. ——

Zweyter Auftritt.

Redlich. Wirth. v. Wildgrub. Philipp.

Redlich. (außerhalb) Und wenn Ihre Tochter heranwächst, Herr Wirth, da geben Sie ihr einen frischen jungen Mann, (tritt herein) ums Himmelswillen keinen alten Spießbürger!

Wirth mit Wein. Aber wie, wenn der Mann Geld hat? Herr Hofrath!

Redlich. Herr, das hilft alles nichts! (setzt sich.) Setzen Sie mir den Wein hier her ans Fenster, damit ich frische Luft schöpfen kann. Solche Ehen gehn gemeiniglich schief! Entweder das junge Weibchen grämt sich zu Tode über ihren alten Bärenhäuter, oder, wenn sie vom flüchtigen Geblüte ist, so treibt sie Galanterie und der alte Kerl verliert dabey Ehre, Vermögen und alles.

v. Wildgrub. (ungesehen in einer Ecke des Saals.) Er hat völlig Recht! Kurz, ich reise fort! (steht nachdenkend)

Wirth. Da haben Sie Recht, Herr Hofrath, da haben Sie Recht! Unsere liebe Stadt kann selbst eine Menge solcher übel geschlossenen Ehen aufweisen. Ich kenne manchen artigen Mann, der ein albernes Fratzengesicht zur Frau nahm, um nur Herr von ihrem Gelde zu werden und dann Eroberungen zu machen, die ohne Geld nicht gewagt werden dürfen. Aber ich kenne auch manches niedliches Weibchen, das ihren eingeschrumpften Eheschatz, Trutz seiner Wachsamkeit, meisterlich zu berücken weiß.

Redlich.

Redlich. Das ist der Lauf der Welt! Nichts häufiger, als alte Hörnerträger! — (trinkt) Herr! Der Wein taugt nichts! Weg damit, ich trink ihn nicht.

Wirth. Bewahre der Himmel, Herr Hofrath! Ein delicates Gläschen.

Redlich. Fort damit!

Wirth. Freylich, freylich, Herr Hofrath! Früh schmeckt er besser. Vielleicht haben der Herr Hofrath diesen Mittag etwas Süßes gespeiset. —

Redlich. Weg damit, sag' ich. —

Wirth. Gewiß, gewiß, Herr Hofrath, die Süßigkeit der Speisen —

Redlich ärgerlich. Herr, Sie werden mich doch den Wein nicht wollen kennen lehren?

v. Wildgrub. Ja, es bleibt dabey! Ich reise fort.

Wirth. (indem er den Wein nimmt) Ich will ihn bis Morgenfrüh aufheben, da soll er schon schmecken!

Redlich sich umsehend. Was murmelte denn da herum?

Wirth.

Ein Lustspiel.

Wirth sieht sich auch um. Ey, ey, Ihro Gnaden, der Herr v. Wildgrub!

Redlich. Wo denn? Ich sehe ja nichts.

Wirth. Hier sind Sie schon!

Redlich. Kommen Sie doch, kommen Sie! Wir wollen einmal Eines mit einander schwatzen!

Wirth trinkt. Ein delicates Gläschen! (ab)

v. Wildgrub nachdem er sich umgesehen, ob Jemand zugegen sey. Hören Sie, ich muß Sie doch um etwas fragen!

Redlich. Nur nicht um ökonomische Dinge. (sieht sich um.) Ist denn der Bengel, der Wirth schon fort? Nicht wahr, Sie trinken auch ein Glas Wein mit?

v. Wildgrub. Nicht einen Tropfen.

Redlich. Warum nicht, wunderlicher Mann!

v. Wildgrub. Er ist mir zu hitzig! Er verursacht mir Wallung im Geblüte.

Redlich. Herr, das schadet nichts! Das Blut schleicht in uns alten Kerls ohnedem zu langsam. Der Wein muß es anfeuren, muß es im Körper herumjagen vom Kopf bis auf die Füße. Was trinken

ken Sie am liebsten? Rothen oder blanken, Rheinwein oder Burgunder oder Champagner?

v. Wildgrub. Nicht einen Tropfen! (Philipp horcht zu.)

Redlich. So lassen Sie es bleiben! (zieht die Hosen herauf.)

v. Wildgrub. Was ich fragen wollte; kommen Sie einmal her! (zieht ihn auf die Seite.)

Redlich. Nun, was giebts denn, was giebts denn?

v. Wildgrub. Was meynen Sie dazu? Kann mich wohl der Landcammerrath verklagen, wenn ich mich wieder lossage von seiner Tochter?

Redlich. Das kann er, ja, verklagen kann er Sie vor dem Consistorio.

v. Wildgrub. Daß dich doch! Wie mach' ich nun das Ding? (kratzt sich hinter den Ohren.)

Redlich. Aber ob er den Proceß gewinnen wird, ist eine andre Frage.

v. Wildgrub. Und wenn er ihn verliert, muß er auch die Unkosten erstatten?

Redlich. Ja, wenn der Advokat kein Dummkopf ist.

v. Wild=

v. Wildgrub. Hören Sie nur an, die Sache ist so. In unserm Ehecontracte ist einer der wichtigsten Punkte dieser, daß das Fräulein von Hartmann zur Universalerbin von ihrer Tante sey erklärt worden. Nun ist aber die Sache nicht wahr; denn die Tante will nichts davon wissen; Sie will selbst wieder heyrathen.

Redlich. Das thut sie auch, in vierzehn Tagen lassen wir uns trauen.

v. Wildgrub. Also, cessante causa, cessat effectus, & contractus dolo factus est ab altera parte contrahentium.

Redlich. Das versteht sich, Sie haben das größte Recht.

v. Wildgrub. Dazu kömmt noch, daß das Fräulein entlaufen ist.

Redlich. Herr! da müßten Sie ein Schaf seyn, wenn Sie ein verlaufenes Mädchen heyrathen wollten.

v. Wildgrub. Eben darum! Was soll ich mir denn auf meine alten Tage noch so eine Ruthe auf den Rücken binden?

Redlich. Ich wollte Ihnen die Thorheit heute früh nicht aufrücken. Es ist meine Sache nicht

Jemanden zu beleidigen. Aber ich freue mich, daß Sie noch bey Zeiten klug werden.

v. Wildgrub. Ich begreife gar nicht, wie ich mich zu so einer Thorheit habe können verleiten lassen, da ich doch weiß, daß an dem Frauensvolke kein gutes Haar ist, und mich auch deßwegen so lange vor dem Schlangen und Ottergezüchte gehütet habe. Der Satan, ach! Gott verzeih mir meine Sünde, muß mich ganz verblendet haben.

Redlich. Herr! Das ist albern raisonnirt. Es giebt auch brave Weiber.

v. Wildgrub. Glauben Sie das nicht, der Hochmuth steckt allen in Köpfen! Es ist als wenn sie alle zusammen gleichsam in einer Schule zu allen gottlosen Ränken wären unterrichtet worden. Der Luxus, der verfluchte Luxus hat sie, wie der böse Geist, besessen, den sauren Schweiß den Mannes zu verprassen, zu vertändeln in der üppigen heillosen Kleiderpracht, zu verspielen in Assembleen, Gesellschaften und dergleichen gottlosen Bacchusfesten, das ist das einzige Dichten und Trachten der Weiber!

Redlich. Sie sollten eine Lobschrift auf die Weiber schreiben, die müßte sich lesen laffen wie eine polemische Postille! Wer wird so in Tag hinein raison=

soniren? Wir Männer sind in gleicher Verdammniß.

v. Wildgrub. (immer noch im Affekt) Das ist nicht wahr! Wie viel alte wackre Hausväter hab' ich gekannt, die aus Aerger über ihre Weiber vor der Zeit haben müssen ins Gras beißen.

Redlich. Die Kerls sind alle Schurken gewesen! Entweder sie haben das Frauenzimmer berückt, oder sind berückt worden. Beydes ist albern. Bey der Ehe, Herr, muß Gleichheit des Standes, der Gemüther, der Jahre da seyn. Wo das nicht ist, da wird der Ehestand einer Gerichtsstube gleich, wo eine Zänkerey nach der andern zum Vorschein kömmt. Aber, Herr, ein Paar junge Leute zu sehn, die einander gut sind, die einander mit Liebe zuvorzukommen suchen, die recht wetteifern in Ausübung der ehelichen Pflichten, die Kinder haben wie die Engel, das, Herr, das ist ein Schauspiel, das die Seele ergötzt bis auf den Grund; eine solche Ehe ist das Paradies mit Adam und Eva im Stande der Unschuld. (zieht die Hosen herauf.)

v. Wildgrub. Das sind Tändeleyen, was hilft das gut seyn! Die Menschen sind alle grundböse.

Redlich. Herr, Sie sind ein misanthropischer Kopf!

Kopf! Ihnen ist keine Frau etwas nütze; und am wenigsten eine junge.

v. Wildgrub. Ich mag keine haben, Gott soll mich schon dafür behüten! Mich reuen nur die vielen Kosten, die ich schon habe aufwenden müssen. Die Zeit hab' ich auch vertändelt, die ich zur Verbeßrung meiner Wirthschaft hätte nützen können.

Redlich. Aber, Herr, wie wollen Sie das Ding machen, daß Sie loskommen?

v. Wildgrub. Ey was, da werd' ich viel Federlesens machen! Ich reise meiner Wege fort und kümmre mich den Henker um das Mädchen. Aber itzt denk' ich erst daran, wenn ich nur meinen Ring wieder hätte?

Redlich. Was geben Sie mir, wenn ich Ihnen dazu verhelfe?

v. Wildgrub. Sie thun mir einen außerordentlichen Gefallen.

Redlich. Das glaub ich wohl; aber, Herr, wer thut heut zu Tage gern etwas umsonst?

v. Wildgrub. Ich will zeitlebens dankbar dafür seyn.

Redlich. Dankbar hin, dankbar her! Was hilft mich

Ein Lustspiel. 95

mich das. Die bloße Dankbarkeit nützet mir deswegen nichts, weil sie Ihnen nichts kostet.

v. Wildgrub. Nun, wissen Sie was, auf ein Schock Eyer kömmt mir es doch nicht an.

Redlich. Und einen gemästeten Truthahn dazu?

v. Wildgrub. Das ist unchristlich, Herr Hofrath, für so einen geringen Dienst.

Redlich. Was, Herr, wenn ich Sie von einem nothwendigen Uebel, von einem jungen Weibe befreye?

v. Wildgrub. Nein, das ist mir zu viel! Eines von Beyden.

Redlich. Nun, so sey es der Truthahn! Aber Sie müssen mir auch des Fräuleins Ring geben.

v. Wildgrub. Ja, wenn Sie nur nicht etwan darum kommen, Herr Hofrath? So was verliert sich gar zu bald. Ich weiß schon, Sie sind etwas unachtsam, und sehn Sie, der Ring ist doch von Gold und hat feine Brillanten. (nimmt ihn aus der Weste) Sehn Sie, schöne Brillanten.

Redlich. Herr! Ich will Ihnen meinen Ring zum Pfande geben, wenn Sie mir nicht so viel zutrauen wollen.

v. Wild-

v. Wildgrub. Zutrauen, Herr Hofrath, zutrauen! Sie wissen ja, Behutsamkeit ist immer nöthig. Es ist um Leben und Sterben zu thun.

Redlich. Ich habe noch nicht Lust abzufahren, hier haben Sie meinen Ring. (giebt ihm den Ring)

v. Wildgrub. Ich will ihn sehr wohl aufbewahren, hier haben Sie auch diesen dafür. (überreicht ihm denselben)

Redlich. Herr, nun sind Sie wieder ein Junggeselle.

v. Wildgrub. Nun will ich auch gleich Anstalt zur Abreise machen.

Redlich. Bravo! Immer fort, so bald als möglich.

v. Wildgrub. Und was ich sagen wollte, den Truthan sollen meine Mägde überliefern. (ab)

Redlich. Das soll mir lieb seyn, nur keinen ausgehungerten! —

Philipp. (kömmt freudig herbeygesprungen) Das ist excellent, Herr Hofrath!

Redlich. Höre, Pursche, du kömmst mir gleich in Wurf! Lauf geschwind zur Frau von Sternheim und trage diesen Ring hin, und laß dir vom Fräulein

Ein Lustspiel.

lein des alten Bärenhäuter seinen geben, und bringe mir ihn hieher.

Philipp. Sehr wohl, Herr Hofrath, sehr wohl! Das ist prächtig! (rennt fort)

Redlich. Das kostete wenig Mühe! Aber bey alle dem, ich alter Kerl spiele eine ziemlich komische Rolle bey der Sache! — Mags doch seyn, die Handlung ist doch immer gut! —— Halt! da kömmt ja wohl der Vater!

Dritter Auftritt.
v. Hartmann. Redlich.

v. Hartmann. (im Hereintreten) Eh' ich mir ihn zum Feinde mache, da mag er lieber reisen. Zwingen kann ich ihn freylich nicht. Das Unglückskind! Ich hatte mir so eine herrliche Freude eingebildet der Schwiegervater von dem größten Oekonomus im Lande zu seyn. Meiner Schwester will ich es schon gedenken! (indem er Redlichen erblickt) Und Sie sind auch mit Schuld daran, Ihr Diener, Herr Hofrath!

Redlich. Gehorsamer Diener! Was geht Ihnen denn meine Heyrath an? Oder glauben Sie, Herr, daß ich Ihr adliches Blut beschimpfen werde?

G   v. Hart-

v. Hartmann. Daran ist gar nicht gedacht worden!

Redlich. Herr, ich könnte längst ein Edelmann seyn, wenn ich wollte.

v. Hartmann. Davon ist gar die Rede nicht, Sie könnten mir aber einen Gefallen thun.

Redlich. Wenn ich kann, herzlich gern.

v. Hartmann. Sie könnten dem Herrn von Wildgrub zureden, daß er meine Tochter nehmen sollte.

Redlich. Das kann ich nicht!

v. Hartmann. Sie dürfen ihm ja nur weis machen, daß Sie meine Schwester nicht heyratheten.

Redlich. Herr, Sie werden doch keinen Lügner aus mir machen wollen!

v. Hartmann. Nur ein Paar Tage lang, verstehn Sie mich, nur ein Paar Tage lang dürfen Sie ihm so eine blaue Dunst vormachen.

Redlich. Das thu ich aber nicht! Warum wollen Sie dem Herrn von Wahlheim Ihre Tochter nicht geben, heh?

v. Hartmann. Der kriegt sie durchaus nicht! Durchaus nicht! Lieber will ich sie meinem Pachter geben, der versteht doch die Oekonomie.

Reb-

Redlich. (ärgerlich) So laſſen Sie mich ungehudelt mit Ihren Grillen!

v. Hartmann. Ich merke ſchon die Mummerey, Sie und meine Schweſter ſtimmen zuſammen!

Redlich. Natürlich! wie Mann und Weib thun muß.

v. Hartmann. Monſieur Wahlheim hat ſich da eingeniſtelt; aber ehe ſie der Lovelace kriegen ſoll, ja ich will nicht ehrlich ſeyn, wenn ich nicht ein Rittergut daran wende. Es giebt hier Advokaten genung die nichts zu thun haben. Und ſoll ich ihrer zehen annehmen, ich will ſchon durchdringen.

Redlich. Herr, ich muß noch Caffee trinken! Wollen Sie eine Pfeife Toback mit mir rauchen, ſo kommen Sie. (zieht die Hoſen herauf und geht ab.)

v. Hartmann. Ich will ſchon durchdringen! Ich bedanke mich, ich habe keinen Appetit. — Wahlheim! — Es iſt doch ganz entſetzlich! — Wenn er nur das Geringſte von der Wirthſchaft verſtünde. —

Vierdter Auftritt.

Philipp. v. Hartmann. Wirth. v. Wahlheim.

Philipp kömmt ohne Hartmann zu ſehen. Es hilft nichts, die Reiſe geht fort nach Berlin! Der Alte läßt

läßt sich nicht erbitten! Wo ist denn nun der Herr Hofrath? (indem er Hartmann gewahr wird) Wetter! bald hätt ich mich verschnappt. —

v. Hartmann. Wo soll es zugehn?

Philipp. Nach Berlin Ihro Gnaden!

v. Hartmann. Ist er nicht der Bediente von Wahlheim?

Philipp. Nein, Ihro Gnaden, ich heiße Philipp und bin der Bediente des Herrn von Wahlheim.

v. Hartmann. Das meyn' ich ja! Was will denn sein Herr in Berlin? Nicht wahr, das Geld verthun und den süßen Herrn spielen, so lange das Gütchen zureicht?

Philipp. O Ihro Gnaden! Die Zeiten haben sich sehr geändert! Mein Herr ist ganz umgekehrt! Er reiset im ganzen Lande herum zu allen berühmten ökonomischen Männern, um etwas von ihnen zu lernen.

v. Hartmann. (verwundernd) Sein Herr? Der Herr von Wahlheim?

Philipp. Ja, ja! In Kurzem wird er es weiter gebracht haben, als Ihro Gnaden.

Wirth. (queer über den Saal mit Caffee) Lassen Sie sich nicht stören Ihro Gnaden, ich meynte der Herr Hofrath wären noch zugegen.

Philipp.

Philipp. (zur Seite) Ich will lügen so viel ich nur kann!

v. Hartmann. Wer hat denn seinem Herrn die Augen geöfnet?

Philipp. Ja das weis Gott, Ihro Gnaden! früh, ehe noch der Himmel grauet, ist er schon auf und geht aufs Feld oder im Garten.

v. Hartmann. Das ist brav, ein wackrer Hausvater muß das thun!

Philipp. Ganze Nächte liegt er hinter einer Kornwand und verscheucht das Wild!

v. Hartmann. Das ist ökonomisch, das ist fein!

Philipp. Und die Bäume räupert er ganz allein.

v. Hartmann. Das muß er hübsch nach dem Regen thun, denn da sind die Raupen im Neste.

Philipp. (Wahlheim horcht in der Scene) Ja, ja, ganz Recht! Nach dem Regen! Und da hat er sich so ein kleines Wamms machen lassen, gerade so wie Ihro Gnaden zu Hause immer tragen! (in die Scene zu Wahlheim) Ich lüge ganz abscheulich!

v. Hartmann. Das ist Recht! So ein Wamms ist bethulich. Das Rabenkind! Wenn sie nur da wäre, vielleicht könnte der Herr von Wahlheim der Mann seyn! —

Wirth.

Wirth. (kömmt wieder zurück) Lassen sich Ihro Gnaden nicht stören! (ab)

Philipp. (auf die Seite) Mein Seele, das Ding geht! Frisch, Philipp, immer zu gelogen!

v. Hartmann. Hat sein Herr auch Bienen?

Philipp. Hören Sie, zwölf Körbe schon. Und diese stehen mitten im Grase. Die Bienen dürfen nur zum Flugloche heraussteigen, da sitzen sie gleich auf den Blumen, so hoch ist das Gras.

v. Hartmann. Das ist albern! Ein Paar Schritte um die Bienenhütte herum muß das Gras weggehauen werden. Denn sieht er, wenn die Bienen mit schweren Höschen geflogen kommen, und sie können nicht gleich ins Flugloch, da purzeln sie bisweilen herunter; wenn nun das Gras zu hoch ist, da können sie sich nicht wieder aufraffen, und müssen krepiren.

Philipp. Schon Recht, Ihro Gnaden! Ein Paar Schritte breit um die Bienenkörbe ist das Gras abgemähet. Sehn Sie, (er geht ein Paar Schritte) ohngefähr so breit, von Ihro Gnaden an bis zu mir.

v. Hartmann. Nun ja, so ist es recht! Ich habe eine herzliche Freude über seinen Herrn! Das gefällt mir von ihm. Wenn doch das Angstkind da wäre, eh' er noch abreisete.

Philipp.

Philipp. Und hören Sie, meinen Herrn stechen die Canaillen nicht. Aber so bald als ich ihnen zu nahe komme, da geht es an ein Summen. (ahmt es nach) Heuer im Sommer stach mich eine justement hier in die Gurgel.

v. Hartmann. Man muß nur stille halten.

Philipp. Und sich immer in Gottes Namen stechen lassen?

v. Hartmann. Sie stechen da nicht! Freylich den Bienenvater kennen sie schon am Geruche!

Philipp. Das muß seyn! Denn sehn Sie, mein Herr hat sich gerade so einen Caftan machen lassen, als wie Ihro Gnaden haben, und der riecht nach lauter Wachs und Honig.

v. Hartmann. Darum lob ich ihn! Denn die Biene ist ein eckles Thierchen! Wie stehts mit der Schaafzucht, nimmt sein Herr auch diese wohl in Obacht?

Philipp. O hören Sie, da ist er ganz erpicht drauf!

v. Hartmann. Ein braver Mann, der Herr von Wahlheim! Wenn doch meine Mine käme.

Philipp. Ganze Tage lang steht er unter den Schaafen. Er kann auch ordentlich so pfeifen, so schmetternd wie ein Schäfer. Sollten Sie nur einmal unsre Schaafe auf den Wiesen weiden sehn, die Bäuche sind wie ausgestopft.

v. Hartmann. Auf den Wiesen, das ist grundfalsch.

Philipp. Warum denn, Ihro Gnaden, warum denn?

v. Hartmann. Die Wolle wird nicht gut, nicht fein, nicht elastisch. Auf Hügeln und in gebirgichten Gegenden muß man die Schaafe weiden lassen. Aber Notabene wo keine Dornhecken, keine Sträucher sind, sonst bleibt die Wolle daran hängen.

Philipp. Ganz recht, Ihro Gnaden! Auf den Hügeln eben gehn unsre Schaafe. Sehn Sie, die Hügel sind ohngefehr so hoch, wie denn gleich? so hoch wie der Saal hier!

v. Hartmann. Die Wolle wird so schöner! Die Wolleklauber kennen sie auch gleich! Sie fühlen es den Augenblick, welche Wolle von krepirten oder kranken Schaafen ist, die werfen sie alle heraus, denn sie ist nicht elastisch.

v. Wahlheim. (in der Scene laut) Philipp!

Philipp. Ihro Gnaden, mein Herr ruft mich, mein Herr!

v. Hartmann. Wo ist er denn, wo denn?

v. Wahlheim. Philipp! Weißt du nicht, was du zu thun hast?

Philipp Ich komme schon, Ihro Gnaden, ich komme! (rennt fort.)

v. Hartmann. Je gehorsamer Diener, Herr von Wahlheim! So eilig?

Fünf=

Fünfter Auftritt.
v. Wahlheim. v. Hartmann.

v. Wahlheim. Ergebenster Diener, mein Herr! Ich habe Geschäfte.

v. Hartmann. Oekonomische, nicht wahr?

v. Wahlheim. Ja! Weil alle Welt auf die Verbesserung der Wirthschaft denkt, so muß ich es auch thun.

v. Hartmann. (ihn auf die Achsel klopfend) Das ist brav! mein lieber Wahlheim! Hören Sie doch an, wie wär' es, wenn Sie meine Mine heyratheten?

v. Wahlheim. Sie wollen sich wohl eine kleine Lust mit mir machen, und mich Hohnnecken? Das Fräulein ist ja wohl schon eine Braut?

v. Hartmann. Ja! Das Rabenkind! Sie hat ihr Glück selbst verscherzt. Sie ist mir davon gelaufen, weil ihr der Bräutigam nicht anstand, und nun mag er sie auch nicht haben. Ich dächte Sie würden nunmehr der Mann! Sie haben doch noch nichts Liebes?

v. Wahlheim. Wohl, Ihro Gnaden! Mein Herz ist verschenkt.

v. Hartmann. Bewahre der Himmel! Das wird nicht seyn!

v. Wahlheim. Was ich Ihnen sage. Sie sollen meine Geliebte hier zu sehn bekommen,

v. Hartmann. Sind Sie schon verlobt?

v. Wahlheim. Was das Herz betrift; ja! Wir erwarten nur noch den Beyfall des Vaters.

v Hartmann. Aber Sie waren ja meiner Mine ehemals so gut?

v. Wahlheim. Wer sollte dem Fräulein nicht gut seyn? Wäre der Herr Vater nicht so eigensinnig gewesen, wir wären längst ein Paar, und das Fräulein wäre nicht geflüchtet.

v. Hartmann. Freylich, freylich! Aber wer kann auch alle Dinge so voraus sehn! Das Angstkind! Ich dächte, lieber Wahlheim, Sie sagten sich wieder los, und würden mein Schwiegersohn.

v Wahlheim. Los sagen? Fodern Sie nicht unmögliche Dinge von mir.

v. Hartmann. (ärgerlich) So will ich mich auch nicht mehr um das Rabenkind bekümmern! Meinetwegen mag sie eine Französin werden! Ich will auch den Augenblick wieder auf mein Landgut reisen! Ich weis nicht, was ich mich so ängstige um die ungerathne Ranke! Aber Sie könnten mir die Freude machen, und meine Mine heyrathen?

v. Wahlheim. Im Grunde ist es doch nicht Ihr Ernst!

v. Hartmann. (feurig) Ich will kein ehrlicher Mann seyn. Ich will ihr ein ansehnliches Heyraths-
gut

gut mitgeben, und nach meinem Tode bleibt ihr ohnedem alles. O thun Sie mir den Gefallen, und sagen Sie sich los! Fürchten Sie sich nicht, ich will die Unkosten selber bezahlen.

v. Wahlheim. Erst sollen Sie meine Geliebte sehn, dann will ich hören, ob ich mich noch los sagen soll.

v. Hartmann. Ich bitte Sie um Alles, werden Sie mein Eidam!

Sechster Auftritt.

Vorige.   Frau v. Sternheim.   Wilhelmine.
Herr v. Sternheim.

Wilhelmine fliegt dem Vater ängstlich in die Arme. Mein Vater!

v. Wahlheim tritt herzu. Meine Geliebte!

Fr. v. Sternheim. Bruder! Kein Scheltwort!

v. Hartmann. (ganz bestürzt) Je, du Angstkind —

Fr. v. Sternheim. (hält ihm den Mund zu) Nicht doch! Willkommen, meine liebe Tochter! sprich.

v. Wahlheim. Wollen Sie noch mein Vater seyn?

v. Hartmann. (freudig) Ob ich will, ob ich will? Mine, gleich gieb dem Herrn deine Hand, und ich will alles vergessen.

Wilhelmine reicht Wahlheimen die Hand. Ich folge mit Freuden, mein Vater! (mit einem zärtlichen Blick) O Wahlheim, ich bin die Ihrige!

v. Hart-

v. Hartmann. In Ewigkeit —

Hr. v. Sternheim. Amen! Ha, ha, ha!

Fr. v Sternheim. Komm laß Dich küßen! Nun sollst Du wieder mein Bruder seyn.

v. Hartmann. Du hättest Deine Heyrath auch können bleiben laßen?

Fr. v. Sternheim. Bruder! Dir zu Liebe bleib' ich eine ewige Wittwe.

v. Hartmann. Und Wilhelmine wird deine Erbin?

Fr. v Sternheim. Ganz allein!

v. Hartmann. O laß Dich umarmen, Schwester, laß Dich umarmen! (zu Wahlheim) Sehn Sie, lieber Herr Eidam, wenn Sie die Wirthschaft hübsch zusammen nehmen, Sie können ein Steinreicher Mann werden.

v. Wahlheim. Sorgen Sie nicht, Herr Vater! Meine Wirthschaft ist in guten Umständen.

Hr. v Sternheim zu Wilhelminen. Ich habe die Ehre, gnädiges Fräulein, Ihnen zuerst mein glückwünschendes Compliment wegen Ihrer neuen Verbindung zu machen! Ha, ha, ha!

Fr. v. Sternheim. In Kleinigkeiten sind Sie sehr exakt, Vetter!

v. Hartmann. Lernen Sie hübsch die Oekonomie, junger Herr! Sie kriegen mit der Zeit gewiß auch eine wackere Frau.

(Man hört Tumult und Geldchter.

Sieben=

Siebender Auftritt.
Vorige. Abraham.

Abraham noch in der Scene. Gestrenger Herr! Soll mir Gott helfen, wenn ich nicht verliere mehr als zehn Thaler! — (sie treten auf)

v. Wildgrub stößt den Juden mit rückwärts gehaltner Hand immer von sich. Geh er mir vom Leibe!

Abraham lauft ihm stets nach mit jüdischen Ungestüm. Aber ich kann doch nicht zubüßen mein baares Geld.

v. Wildgrub stößt ihn immer, und so jagen sie sich auf dem Theater herum. Eine Menge Haußgenoßen sieht am Eingange des Saals und lachen, dieß thut auch der Herr von Sternheim. Geh er!

Abraham immer heftiger. Ich will seyn kein ehrlicher Mann! wenn ich nicht habe müssen bezahlen dem Goldschmid so viel für seine Arbeit.

v. Wildgrub. Ich mag es gar nicht haben, ich brauch es nicht.

Abraham. Aber ich hab' es doch müssen kauffen für den gestrengen Herrn! Das Weib nimmt es nicht wieder, den Lohn, den ich habe gegeben dem Goldarbeiter zahlet mir Niemand wieder.

v. Wildgrub. Geh er mir vom Leibe!

Abraham (ganz wütend) Gestrenger Herr, gestrenger Herr, ich kann doch nicht kommen ins Unglück! Mein Weib, meine Kinder würden müssen leiden Hunger und Durst, wenn ich müßte verlieren so vieles Geld!

v. Wildgrub. Geh er mir vom Halse! Ich nehm es nicht.

Abraham. O weh mir! gestrenger Herr! Was soll ich machen mit den Kleinodien? Ich muß gerathen in Mangel mit meinem Weibe!

v. Wildgrub. So geh er mir doch vom Leibe!

Abraham. Soll mir Gott helfen, gestrenger Herr, ich muß es klagen der Obrigkeit!

v. Wildgrub. Geh er zum Henker! (ab)

Abraham. Ich werde lauffen und verklagen den gestrengen Herrn bey der Obrigkeit! (im Begriff abzugehen)

v. Wahlheim. Freund, lassen Sie es bleiben!

Abraham. Aber, gnädger Herr, wie soll ich kommen zu meinem Gelde?

v. Wahlheim. Ich will es behalten. Kommen Sie Morgen hierher!

Abraham. Auf Ihre Parole, gnäd'ger Herr?

v. Wahlheim. Auf meine Ehre.

Abraham. So werd' ich kommen wieder Morgenfrüh.

v. Wahlheim. Die Bezahlung soll Ihnen gewiß seyn.

Abraham. Ich empfehle mich zu Gnaden! (ab)

Fr. v. Sternheim. Was wollen Sie damit machen?

v. Wahlheim. Aufbewahren zum ewigen Andenken!

v. Hartmann. Das thun Sie, lieber Herr Eidam, der Spectacul würde zu groß seyn, und ich möchte dem rechtschaffnen Herrn von Wildgrub doch nicht gerne Schande und Unkosten verursachen.

Letzter Auftritt.

Redlich. Die Vorigen.

Redlich. Was zum Henker geht denn vor?

Fr. v. Sternheim. Ein Ehebündniß!

v. Hartmann. Und eine Ehescheidung! Meine Schwester hat sich anders besonnen.

Redlich. Wie Madam, Sie wollen nicht Wort halten?

Fr. v. Sternheim. Mein Herr Bruder hat sich anders besonnen.

Redlich zu Wahlheim. Wie stehts, sind Sie einig?

v. Wahlheim. Ich bin glücklich!

Redlich. Bravo, Madam, ich resignire auf Ihre Hand!

Fr. v. Sternheim. Aber doch nicht auf mein Herz.

Redlich. Ein freundschaftliches Andenken will ich mir ausbitten.

Fr. v. Sternheim. Mit Vergnügen werd' ich mich Ihrer erinnern.

Redlich zu Hartmann. Herr! Heute haben Sie ein gutes Werk vollbracht. Glauben Sie mir, ich habe viel Hochachtung für einen vernünftigen, gesitteten Oekonomus; aber ein pedantischer, geiziger, mürrischer ökonomischer Bengel ist mir unerträglich.

Hr. v. Sternheim. Ha, ha, ha! Bravo, Bravo!

Redlich. Monsieur, auch das Volk der Stutzer ist mir fatal. Wie ich sehe, mögen Sie zu viel Langeweile haben, mögen Ihre Zeit mit putzen, schniegeln und schalen Romanen tödten, aber ich will Ihnen einen guten Rath geben, lesen Sie gute Reise-
beschrei-

beschreibungen zum Zeitvertreib, da werden Sie mit Vergnügen klug, reich an nützlichen Kenntnißen, und in Gesellschaft vernünftiger Leute ein erträglicher Kerl werden. —

Hr. v. Sternheim. Ha, ha, ha!

Fr. v. Sternheim. Vetter, merken Sie sich es ja wohl.

v. Hartmann. Und du, Mine, lerne die Oekonomie! Das sag ich Dir.

Wilhelmine. Ja, mein Vater! Bey diesem Lehrer (auf Wahlheim deutend) mit Vergnügen.

v. Wahlheim. Dieser Landtag, der meine Liebe krönt, der mich zum glücklichsten Manne wider mein Vermuthen gemacht hat, dieser Landtag soll meinem Herzen unvergeßlich seyn.

Fr. v. Sternheim. Nun wollen wir das Hochzeitfest mit Vergnügen feyren.

v. Hartmann. Mine, vergiß ja nicht die Oekonomie zu lernen.

Fr. v. Sternheim. Vetter! Lesen Sie hübsch gute Reisebeschreibungen.

Redlich. Madam! Schaffen Sie sich hübsche fette Truthähne zur Hochzeit an! Ich will Capwein besorgen! Haben sie Capwein getrunken, Madam?

Fr. v. Sternheim. Niemals, Herr Hofrath.

Redlich. Capwein ist ein Meisterstück der Natur. Wenn man das Glas vor dem Mund nimmt, (in einer Art von Entzückung setzt er die Hand an den Mund) da duftet einem der herrlichste Würzgeruch in die Nase. (er schluckt) Hui, das schmeckt, — — (greift schleunig nach den Hosen) Je, die verteufelten Hosen. —

Ende des Lustspiels.